D'Bibel op Lëtzebuergesch
D'Evangelium nom Lukas

AF200614

D'Bibel op Lëtzebuergesch
D'Evangelium nom Lukas

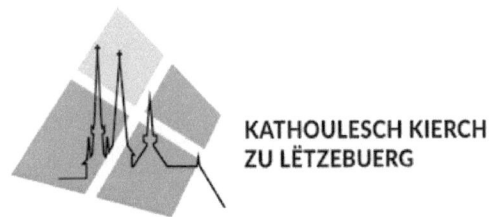

KATHOULESCH KIERCH
ZU LËTZEBUERG

**Bibliographische Informationen der
Deutschen Nationalbibliothek**
Die Deutsche Nationalbibliothek verzeichnet
diese Publikation in der Deutschen Nationalbiblio-
graphie; detaillierte bibliographische Daten sind im
Internet über http://dnb.d-nb.de abrufbar.

© 2019   Äerzbistum Lëtzebuerg

4, rue Génistre / B.P. 419
L-2014 Luxembourg

Am Aarbechtsgrupp „Iwwersetzung vun
der Bibel op Lëtzebuergesch" sinn am
Optrag vum Äerzbëschof vu Lëtzebuerg:
Claude Bache, Fränz Biver-Pettinger,
Jeannot Gillen, Carine Hensgen

www.cathol.lu

Titelbild: Modern Duerstellung vum
Lukas-Symbol op engem Massgewand
Layout a Foto: Gilberte Bodson

ISBN 978-3-7504-1774-8

Herstellung und Verlag:
BoD – Books on Demand, Norderstedt

Inhalt

Hiweis:

Wéi am November 2019 déi nei Orthografie-Reegele fir d'Lëtzebuergescht a Kraaft getruede sinn, war d'Aarbecht fir „De Lukas" schonn ofgeschloss.

E Wuert mat op de Wee

Et ass mir eng Freed, der lëtzebuergescher Versioun vum Lukas-Evangelium e Wuert mat op de Wee ze ginn.

Nodeems d'Äerzbistum schonns 2009 en Evangeliar erausginn huet, an deem d'Evangelientexter vun alle Sonndeger a vun de grousse Festdeeg op Lëtzebuergesch dra stinn, läit, nom Matthäus-, Johannes- a Markus-Evangelium, elo och den integralen Text vum Lukas-Evangelium vir. Op en Neits gouf den Text vum Iwwersetzergrupp „D'Bibel op Lëtzebuergesch" a laangjäreger Aarbecht a mat vill Méi vum Griicheschen an eis Sprooch iwwersat. Ech well op dëser Plaz der Equipe vun den Iwwersetzer mäi grousse Merci a mäin déiwe Respekt dofir ausdrécken, datt elo déi véier Evangelien op Lëtzebuergesch disponibel sinn.

Dem Herrgott sengem Wuert, dat äis an den Evangelien iwwerliwwert gëtt, kënnt eng eminent wichteg Plaz am Liewe vun der Kierch an am Liewe vun all eenzele Gleewegen zou. Et muss souzesoen den Deessem ginn, deen dat ganzt Liewe vun de Mënschen duerchsaiert (*cf*. Mt 13,33). Well da gëtt et zu engem Wuert, dat Halt an Orientéierung schenkt.

Am perséinleche Gebiet, an der Katechees an am Austausch a Bibelgruppen dréit d'Liesen an d'Medi-téiere vun den Texter vun der Helleger Schrëft dann och zu enger Beliewung vum chrëschtleche Glaf bäi.

An deem Sënn wënschen ech allen Evangelien-texter op Lëtzebuergesch, datt si dee Som sinn, dee räich Fruucht bréngt (*cf*. Mt 13,3-23)!

Lëtzebuerg, am Advent 2019

+ Jean-Claude Kardinol Hollerich
Äerzbëschof vu Lëtzebuerg

Eng kuerz Aféierung

Am Joer 2009 gouf den *Evangeliar* publizéiert mat den Evangelie vun alle Sonndeger a vun de grousse Feierdeeg[a]. D'*Evangelium nom Lukas* steet an der Nofolleg vun dëser éischter offizieller Iwwersetzung vun Evangelientexter a Lëtzebuerger Sprooch: Dir fannt hei dee ganzen Text vum Lukas-Evangelium (Lk), op der Basis vum griichesche Referenztext, iwwersat no deenen nämmlechte Critèrë wéi am *Evangeliar*[b].

D'*Evangelium nom Lukas* ass an engem klenge Format gedréckt. Et ass geduecht fir de perséinleche Gebrauch am Alldag, virun allem awer och fir et an der Katechees an de Paren ze gebrauchen.

Dofir erlaabt äis dës kuerz Aféierung:

De Chrëschten hir Bibele bestinn aus engem méi alen Deel, dem sougenannten *Alen* oder *1. Testament* (AT), gréisstendeels op Hebräesch verfaasst, an engem méi neien Deel, dem *Neien*, oder *2. Testament* (NT) op Griichesch.

Déi Sammlung vu Schrëften, déi mir an eise Bibele fannen an an deenen d'Chrëschten hire Glawen als authentesch iwwerliwwert unerkennen (de sougenannte „Kanon vun de biblesche Bicher"), besteet, fir d'Neit Testament, aus 27 Bicher: deene véier Evangelien, der Apostelgeschicht, de Paulusbréiwer, de kathoulesche Bréiwer an der Offenbarung vum Johannes, och nach Apokalyps genannt.

Et sinn dës Schrëften, déi no an no ënner de Chrëschten eng zerguttstert Autoritéit kritt haten; aner Schreiwëssen, déi vu Gemeinschaft zu Gemeinschaft virugereecht goufen, kruten dës Autoritéit net. Se sinn äis wuel zu engem gudden Deel erhale bliwwen, als Zäitzeie vun de Gedanken, Iwwerleeungen, Froen a Suerge vun den éischte Generatioune vu Chrëschten, déi verspreet uechter d'Réimescht Räich gelieft hunn. Mee se goufen net als Riichtschnouer (Kanon heescht ë. a. „Regel" op Griichesch) fir de Glaf zréckbehalen.

Ee vun deene wichtegste Gedanken, deen duerch déi ganz Bibel geet, ass dee vun engem Bond tëscht Gott an de Mënschen. Dat hebräesch Wuert fir dee Bond (berit) gouf op Latäin mat „testamentum" iwwersat. Dohier kënnt dann och eis Bezeechnung Testament, Aalt oder Neit, fir d'Bicher aus der Bibel.

Et leien en etlech Jorhonnerten tëscht där Zäit, wou d'Bicher aus der Bibel néiergeschriwwe goufen – nodeems se zu engem Deel iwwer eng méi oder manner laang Zäit mëndlech iwwerliwwert gi waren –, an äis. D'Distanz ass esouwuel eng historesch wéi eng kulturell-geographesch an eng sproochlech. An dach ass dat, wat mir do liesen, héichaktuell, well d'Grondfro vun de Mënschen am Fong ëmmer nach déi nämmlecht sinn. D'Konditioun awer, fir datt dës iwwerliwwert Texter fir äis zougänglech sinn a bleiwen, ass ze versichen ze verstoen, wat déijéineg, déi se néiergeschriwwen hunn, deemools soe wollten. Dann eréischt kënne mir froen, wat se äis haut soe kënnen.

D'Neit Testament fänkt u mat deene véier Evangelien, dem *Matthäus*, dem *Markus*, dem *Lukas* an dem *Johannes*. D'Wuert *Evangelium* gouf vum Verfaasser vum Markus-Evangelium (*cf.* Mk 1,1) opgegraff an ewéi eng Iwwerschrëft gebraucht, fir déi *Gutt Noriicht* ze bezeechnen, déi engersäits mat dem Jesus vun Nazareth an d'Welt komm ass, an déi hien anerersäits verkënnegt huet[c]. Jiddfereent vun den Evangelien ass, op seng Manéier, e Credo; jiddfereent beliicht a verkënnegt aus e bëssen engem anere Bléckwénkel dës Gutt Noriicht vum an duerch de Jesus, den Operstanenen, an deem si de Messias, de Christus an dem Herrgott säi Jong erkannt hunn. A jiddfereent gräift Erzielungen iwwer de Jesus oder Rieden an Aussoe vun him op, déi bis dohi mëndlech virugi goufen. Do dernieft gëtt och ugeholl, datt d'Verfaasser vum Matthäus- a vum Lukas-Evangelium d'Markus-Evangelium kannt hunn (oder op d'mannst déi nämmlecht Iwwerliwwerung), datt si zu

engem Deel déiselwecht Sammlunge vu Spréch
kannt hunn, awer och hir eege Quellen haten. Dat
erkläert, firwat mir eng Rei Texter bei deenen dräi
Evangelisten erëmfannen, déi dowéinst och *Synoptiker*
genannt ginn; aner Texter liese mir just bei der zwéin
an nach anerer nëmme bei engem vun hinnen. – De
Johannes steet wuel an därselwechter Traditioun, ma
hien huet dat iwwerliwwert Material (Erzielungen,
Rieden asw.) méi op eng him eege Manéier ver-
schafft.

Mat e Grond, firwat mir Ënnerscheeder an der
Aart a Weis déi Gutt Noriicht ze presentéieren,
tëscht deene véier Evangeliste fannen, ass, datt si op
verschidde Plaze geschriwwen hunn, fir d'Leit aus
hire Chrëschtegemeinschaften. Esou ass et ze ver-
stoen, datt d'Markus-Evangelium, dat héchstwahr-
scheinlech ëm d'Joer 70 zu Roum néiergeschriwwe
gouf fir Leit, déi, éier se Chrëschte gi sinn, Heede
waren, Verschiddenes anescht erkläere muss wéi
z. B. d'Matthäus-Evangelium, vun deem ugeholl gëtt,
datt et ëm d'Joer 80 a Syrien, eventuell zu Antiochia,
vläicht awer och a Phönizien verfaasst gouf fir an der
Majoritéit Leit, déi virdru Judde waren oder sech fir
de jüddesche Glaf interesséiert hunn.

* * *

An nach e puer Wuert weider zum Lukas-Evangelium

Als eenzegt vun deene véier Evangelien huet de Lukas, wéi d'Schreiwësse vu griicheschen Auteuren aus där Zäit, e „Prolog". An deem ganz laange Saz, deen iwwer véier Verse geet (Lk 1,1-4), schreift de Verfaasser vum Lukas-Evangelium ë. a., datt hien sech gutt informéiert huet, éier hien „alles der Rei no" opgeschriwwen huet. Dat, wat hien opgeschriwwen huet, ass dat, „wat bei äis an Erfëllung gaang ass", wat an där deemoleger Ausdrocksweis bedeit „dat, wéi a wou den Herrgott an d'Geschicht agegraff huet". Hie gëtt sech esou als „gleewege Geschichtsschreiwer" z'erkennen, woubäi hien awer net mat engem Historiker vun haut ze vergläichen ass: Säin Uleies ass et ze weisen, wéi sech am Liewen, Stierwen an Operstoe vum Jesus vun Nazareth, an deem d'Chrëschten de Christus/Messias gesinn, matzen ënnert de Leit zu enger bestëmmter Zäit an der Geschicht (cf. Lk 1,5; 2,1-2; 3,1-2) dat erfëllt huet, wat d'Prophéiten ugekënnegt haten. Eng Kuerzfaassung dervun, wéi de Lukas dem Jesus säin Opdrag gesäit, fanne mer a Lk 4,16-21: Hien ass, am Numm vum Herrgott, komm fir déi Aarm, fir déi wéinst Krankheet, hirem Beruff oder hirer Liewensféierung ausgestoussen oder un de Rand vun der deemoleger Gesellschaft gedréckte Fraen a Männer (cf. z. B. Lk 5,30; 6,20-22; 7,2.12.22.34.37; 13,11;

16,20; 19,2; 23,39). Esou weist hien dem Herrgott „säin Erbaarmen" (Lk 1,49-55).

A sengem „Prolog" adresséiert de Verfaasser vum Lukas-Evangelium sech un den „héichver-éierten Theophilus", eventuell e Mäzen. Ma „Theophilus" heescht „een, dee frou ass mam Herrgott", oder „e Frënd vu Gott", esou datt déi Leit, fir déi de Lukas schreift, sech mat ugesprach fille kënnen.

Den Theophilus gëtt och ugangs vun der „Apostelgeschicht" ernimmt (Apg 1,1-2): Op déi Manéier verbënnt de Verfaasser vum drëtten Evangelium déi zwéin Deeler vu sengem Wierk, d'Lukas-Evangelium an d'Apostelgeschicht. Him ass et dru geleeën, ze weisen, wéi d'Evangelium vu Galiläa iwwer Judäa/Jerusalem eraus an d'Welt gedroe ginn ass, bis an d'Häerz vun der deemoleger Welt, Roum (Lk 24,47-48; Apg 28,16ff). Fir hie war de Johannes den Deefer d'Jarnéier tëscht der Zäit vun de Verspriechen (eisem „Alen Testament") an der Zäit, wou dës Verspriechen an Erfëllung gaange sinn duerch an an dem Jesus vun Nazareth. Doriwwer schreift hien am Evangelium. Duerno koum d'Zäit vun der Kierch, déi bis haut undauert. Vun der Kierch hiren Ufäng verzielt d'Apostelgeschicht.

D'Lukas-Evangelium huet, wéi d'Matthäus-Evangelium, eng „Kandheetserzielung" (Lk 1-2), an där, wéi an engem Theaterstéck, déi eenzel Theme virgestallt ginn, déi hannenoter weider ausgefouert ginn: Zum Beispill kréien als Éischt Hierden d'Noriicht vum Jesus senger Gebuert matgedeelt (Lk 2,8-13), Hierden, déi um Rand vun der Gesellschaft gelieft hunn, well si wéinst hirer Aarbecht net all reliéis Rengheetsvirschrëfte beuechte konnten. A grad fir esou Leit ass deen erwuessene Jesus, dem Lukas no, jo komm, an zwar „haut", all Kéiers, wa Leit bereet sinn, déi Gutt Noriicht nozelauschteren (Lk 2,11; 4,21; 5,26; 19,9; 23,43).

Am Lukas-Evangelium fanne mer och véier „Hymnen", déi haut nach an eise Kierche gebiet a gesonge ginn: de „Magnificat" (Lk 1,46-55), de „Benedictus" (Lk 1,68-79), de „Gloria" (Lk 2,14) an den „Nunc dimittis" (Lk 2,29-32).

Am Lukas-Evangelium si méi „Gläichnesser" ze fanne wéi an deenen aneren Evangelien a grad och verschidde ganz bekannter, wéi zum Beispill „dee gudde Samariter" (Lk 10,30-37), „dee verluerene Jong" (Lk 15,11-32) oder och nach „deen aarme Lazarus" (Lk 16,19-31).

D'Evangelium nom Lukas ass wahrscheinlech tëscht de Joren 80 an 90 néiergeschriwwe ginn, vläicht och e bëssi éischter, wahrscheinlech am griichesche Raum.

Ausgangs vum 2. Jorhonnert identifizéiert den Irenäus vu Lyon de Verfaasser vum Lukas-Evangelium mat deem Dokter, dee mam Paulus ënnerwee war (Adv. Haer. III, 1; 1; 14, 1; *cf.* Kol 4,14; Phlm 24; 2 Tim 4,11). Ma ganz sécher ass dat awer net.

Et kéint een hei nach villes iwwert d'Lukas-Evangelium schreiwen. Ma dat Einfachst ass, et ze liesen.

A wann ënnerwee Froen opkommen zu deem, wat Dir do liest, dann zéckt net a mailt äis se (bibel@cathol.lu).

Fränz Biver-Pettinger,
fir den Aarbechtsgrupp
„Iwwersetzung vun der Bibel op Lëtzebuergesch"

---

[a] *Evangeliar*. Aarbechtsgrupp „Iwwersetzung vun der Bibel op Lëtzebuergesch" (2009). Luxembourg, Archevêché, Saint-Paul.

[b] *Evangeliar*, S. IX-XVI. De griichesche Referenztext ass dee vum *Nestle-Aland 28* (Eberhard Nestle, Barbara Aland, Kurt Aland, *Novum Testamentum Graece*. 28. Auflage, Deutsche Bibelgesellschaft, Stuttgart 2012, ISBN 978-3-438-05159-2).

[c] D'Wuert *Evangelium* gouf fir d'éischt am Neien Testament am Paulus sengem 1. Bréif un d'Thessalonicher gebraucht (*cf.* 1 Thess 1,5; 2,2.4.8.9; 3,2). Dat ass dat eelst Schreiwes vum Neien Testament a gouf ëm d'Jore 50-51 néiergeschriwwen. – Et war deemools gewot, dat Wuert *Evangelium* am Zesummenhang mat engem Doud um Kräiz ze gebrauchen, well et gemengerhand fir frou Noriichten iwwer de Keeser a säin Haff benotzt gouf (*cf.* z. B. den Epigraph vu Priene aus dem Joer 9 v. Chr.). Dat Verb, dat derzou gehéiert, war aus der Septuaginta, der griichescher Iwwersetzung vun de Schréften, eisem „Alen Testament", bekannt am Zesummenhang mat dem Heemkommen aus dem Exil zu Babylon (*cf.* Is 40,9; 52,7; 60,6).

D'Evangelium nom Lukas

1 [1] Well der schonn en etlech et ënnerholl hunn, e Bericht ze schreiwen iwwer dat, wat sech zougedroen huet, wat bei äis an Erfëllung gaang ass [2] – esou wéi déi äis et iwwerliwwert hunn, déi vun der éischter Stonn un Aenzeie waren an Dénger vum Wuert gi sinn –, [3] esou hunn och ech et fir gutt fonnt, nodeems ech allem vun Ufank u genee nogaang sinn, dir, héichveréiertem Theophilus, alles der Rei no opzeschreiwen, [4] fir datt s du dech vun der Zouverléissegkeet vun deem, wat s du geléiert gi bass, iwwerzeege kanns.

[5] Deemools, wéi den Herodes Kinnek vu Judäa war, gouf et e Priister, deen Zacharias geheescht huet an deen aus der Priistergrupp vum Abia war. Seng Fra war eng Nokomme vum Aaron, an si huet Elisabeth geheescht. [6] Allebéid waren si gerecht virum Herrgott, an ouni Feel hunn si sech un all dem Här seng Geboter a Virschrëfte gehal. [7] Si hate keng Kanner, well d'Elisabeth keng kréie konnt, an si waren allebéid scho bei Alter.

[8] Enges Daags, wéi den Zacharias Priisterdéngscht virum Herrgott hat – seng Déngschtgrupp war grad un der Rei –, dunn ass et geschitt, [9] datt

hien, esou wéi et bei de Priister de Brauch war, d'Lous gezunn huet, fir an dem Här säin Hellegtum ze goen an do de Wäiraach ze verbrennen. ¹⁰ An deem Ament, wou de Wäiraach verbrannt gouf, huet dat ganzt Vollek dobausse gebiet. ¹¹ Dunn ass dem Zacharias en Engel vum Här op där rietser Säit vum Wäiraachaltor erschéngen. ¹² Wéi hien den Engel gesinn huet, war hien an enger Oprou, an hie krut et mat der Angscht ze doen. ¹³ Den Engel sot zu him: „Fäert net, Zacharias! Däi Gebiet ass erhéiert ginn. Deng Fra, d'Elisabeth, schenkt dir e Jong; dee solls du Johannes nennen. ¹⁴ Hie gëtt eng Freed fir dech, eng Gellecht, a vill freeën sech der iwwer seng Ge-buert. ¹⁵ Hie gëtt nämlech grouss virum Här. *Wäin an anert Gedrénks, dat voll mécht, drénkt hien net*ᵃ, a vun hellegem Geescht gëtt hien erfëllt, vun un datt hien an senger Mamm hirem Schouss ass. ¹⁶ Vill Israelite féiert hien hannescht bei den Här, hire Gott. ¹⁷ Am Geescht an an der Kraaft vum Elias geet hie virun him hier, fir de Pappen hiert Häerz hannescht bei d'Kanner ze féieren an déi Tockeg hannescht bei eng Gesënnung, wéi déi Gerecht se hunn, a fir dem Herrgott e Vollek virzebereeden, dat [him] gutt ge-sënnt ass."

¹⁸ Du sot den Zacharias zum Engel: „Wéi soll ech dat verstoen? Ech sinn dach en ale Mann, a meng Fra ass och scho bei Alter!" ¹⁹ Den Engel huet him geäntwert: „Ech sinn de Gabriel, dee virum Herrgott steet. Ech si geschéckt ginn, fir mat dir ze schwätzen

a fir dir all dëst als Gutt Noriicht ze verkënnegen. [20] Ma kuck, du solls stomm sinn an net méi mächteg ze schwätze bis deen Dag, wou all dëst geschitt, well s du menge Wierder net gegleeft hues, déi zu hirer Zäit an Erfëllung ginn." [21] D'Leit hunn op den Zacharias gewaart an sech driwwer gewonnert, datt hien esou laang am Hellegtum bliwwen ass. [22] Wéi hien dunn erauskomm ass, war hien net méi mächteg, mat hinnen ze schwätzen, an si hu verstanen, datt hien am Hellegtum eng Erscheinung hat; hien huet hinnen Zeeche gemaach an ass stomm bliwwen.

[23] Nodeems d'Deeg vun sengem Déngscht erfëllt waren, ass den Zacharias heemgaang. [24] No deenen Deeg ass d'Elisabeth, seng Fra, an aner Ëmstänn komm. Si huet sech fënnef Méint laang verstoppt a sot: [25] „Dat huet den Här fir mech gemaach an deenen Deeg, an deenen hie gekuckt huet, fir meng Schan bei de Leit ewechzehuelen."

[26] Wéi d'Elisabeth am sechste Mount war, ass den Engel Gabriel vum Herrgott an eng Stad a Galiläa geschéckt ginn, déi Nazareth heescht, [27] bei eng Jongfra, déi engem Mann versprach war, dee Jouseph geheescht huet an aus dem Haus vum David war. Dës Jongfra huet Maria geheescht. [28] Den Engel ass bei si eragaang a sot: „Free dech, [Maria], ganz an der Gnod! Den Här ass mat dir." [29] Dës Wierder hunn si ganz duerchenee gemaach, an si huet sech beduecht, wat dee Grouss heesche kéint. [30] Du sot den Engel zu hir: „Fäert net, Maria! Du hues nämlech Gnod

beim Herrgott fonnt. [31] Kuck, du kënns an aner Ëm-
stänn a kriss e Jong; dee solls du Jesus nennen. [32] Hie
gëtt grouss a gëtt Jong vum Allerhéchste genannt, a
Gott, den Här, gëtt him den Troun vum David,
sengem Papp. [33] An all Éiwegkeet herrscht hien
iwwer d'Haus vum Jakob, an seng Herrschaft kritt
keen Enn." [34] Du sot d'Maria zum Engel: „Wéi soll
dat da goen, well ech jo nach mat kengem Mann
zesummekomm sinn?" [35] Den Engel huet hir geänt-
wert: „Den hellege Geescht kënnt op dech erof, an
d'Kraaft vum Allerhéchste geheit hire Schiet op
dech. Dowéinst ass och deen, deen op d'Welt kënnt,
helleg a gëtt Jong vum Herrgott genannt. [36] A kuck
d'Elisabeth, déi Famill mat dir ass: An hirem Alter
erwaart och si e Jong. Elo ass si, vun där et ge-
heescht huet, si kéint keng Kanner kréien, schonn
am sechste Mount. [37] Fir den Herrgott ass nämlech
näischt onméiglech." [38] Du sot d'Maria: „Kuck, ech
sinn dem Här seng Mod; et soll mir geschéien, esou
wéi s du et gesot hues!" Dueropshin ass den Engel
vun hir fortgaang.

[39] E puer Deeg drop huet d'Maria sech op de
Wee gemaach an sech geflass, fir an eng Stad an de
Bierger vu Judäa ze goen. [40] Do ass si an dem Za-
charias säin Haus eragaang, an si huet d'Elisabeth
begréisst. [41] Wéi d'Elisabeth der Maria hire Grouss
héieren huet, ass et geschitt, datt d'Kand an hirem
Schouss sech beweegt huet an datt d'Elisabeth vun
hellegem Geescht erfëllt gouf. [42] Si huet haart geruff:

„Geseent bass du ënner de Fraen, a geseent ass d'Fruucht an dengem Schouss! [43] Wie sinn ech, datt mengem Här seng Mamm bei mech kënnt? [44] Well kuck, wéi ech däi Grouss héieren hunn, huet d'Kand a mengem Schouss sech vu Freed beweegt. [45] Glécklech ass déi Fra, déi gegleeft huet, datt dat an Erfëllung geet, wat hir vum Här gesot gouf!"

[46] Du sot d'Maria:
„Meng Séil verkënnegt d'Gréisst vum Här,
[47] a mäi Geescht jubiléiert iwwer Gott, mäi Retter,
[48] well op d'Damiddegkeet vun senger Mod huet hie gekuckt.
Jo, vun elo un heesche mech glécklech all d'Generatiounen,
[49] well dee Mächtegen huet fir mech Grousses gedoen.
Helleg ass säin Numm,
[50] an säin Erbaarmen, vu Generatioun zu Generatioun,
gëllt deenen, déi hie fäerten.
[51] Gewalteges deet hie mat sengem Aarm,
hie jeet déijéineg auseneen,
déi bis an hiert Häerz iwwerhieflech sinn;
[52] déi Mächteg geheit hien erof vum Troun,
an déi Damiddeg riicht hien op,
[53] déi Hongreg siedegt hie mat gudde Gowen,
an déi Räich schéckt hie fort mat eidelen Hänn.
[54] Hien hëlt sech sengem Kniecht Israel senger un

an denkt un säin Erbaarmen
[55] – wéi hien eise Pappe versprach huet –
fir den Abraham an seng Nokomme
fir ëmmer an éiweg."

[56] D'Maria ass ongeféier dräi Méint bei der Elisabeth bliwwen, dunn ass si nees heem bei sech gaang.

[57] Wéi et fir d'Elisabeth un der Zäit war, fir nidderzekommen, huet si e Jong kritt. [58] D'Noperen an d'Famill hunn héieren, datt den Här un hir säi grousst Erbaarme gewisen hat, an si hunn sech mat hir gefreet. [59] Deen aachten Dag koumen si, fir d'Kand ze beschneiden, an si wollten him sengem Papp säin Numm Zacharias ginn. [60] Dem Kand seng Mamm awer sot: „Op kee Fall! Hie gëtt Johannes genannt!" [61] Du soten si zu hir: „Et ass dach keen an denger Famill, deen esou heescht!" [62] Dueropshin hunn si op säi Papp gekuckt an duerch Zeeche gefrot, wéi hie wéilt, datt d'Kand genannt géif. [63] Hien huet sech eng Tafel gi gelooss an drop geschriwwen: Johannes ass säin Numm. Doriwwer hunn si sech alleguer gewonnert. [64] Am selwechten Ament huet den Zacharias d'Sprooch erëmkritt a konnt nees schwätzen, an hien huet den Herrgott gelueft. [65] All hir Noperen hunn et mat der Angscht ze doe kritt, an iwwerall an de Bierger vu Judäa gouf vun all deem erzielt, wat geschitt war. [66] Alleguer deenen, déi dervun héieren hunn, ass et zu Häerz gaang, an si hunn

sech gefrot: „Wat soll aus deem Kand do ginn?",
well den Här war mat him.

⁶⁷ An den Zacharias, säi Papp, gouf vun hellegem
Geescht erfëllt an huet prophezeit:
⁶⁸ „Gelueft sief den Här, de Gott vun Israel,
well hien ass bei säi Vollek komm an huet him
Erléisung bruecht!
⁶⁹ Hien huet äis e staarke Retterᵇ
aus dem Haus vun sengem Kniecht David
ervirgoe gelooss
⁷⁰ – esou wéi hien et duerch de Mond vun sengen
hellege Prophéite
vu jeehier gesot huet –,
⁷¹ een, deen äis rett virun eise Feinden
an aus der Hand vun all deenen, déi äis haassen,
⁷² fir mat eise Pappe baarmhäerzeg ze sinn
an un säin hellege Bond ze denken,
⁷³ un den Eed, deen hien eisem Papp Abraham
geschwuer huet,
fir äis ze ginn,
⁷⁴ datt mir ouni Angscht,
aus der Hand vun de Feinde gerett,
him déngen
⁷⁵ – an Hellegkeet a Gerechtegkeet virun him –
all eis Deeg.
⁷⁶ Du awer, Kand, gëss Prophéit vun deem
Héchste genannt.
Du gees nämlech virun dem Här hier,
fir seng Weeër prett ze maachen,
⁷⁷ fir säi Vollek d'Erfahrung vun der Rettung
maachen ze loossen

am Noloosse vun hire Sënnen.

[78] Duerch eisem Gott säin Häerz, dat sech erbaarmt,

kënnt d'Sonn, déi opgeet, bei äis,

[79] fir deenen ze schéngen,

déi an der Däischtert an am Schiet vum Doud sëtzen,

a fir eis Féiss op de Wee vum Fridden ze féieren."

[80] D'Kand awer ass gewuess an ass staark ginn am Geescht, a bis deen Dag, wou hie virun Israel getratt ass, huet hien an der Wüüst gelieft.

---

[a] Num 6,3; Lev. 10,9.
[b] Wuertwiertlech: en Har vun der Rettung. Am Alen Testament ass en Har e Symbol vu Kraaft oder Muecht.

2 [1] Deemools koum en Uerder vum Keeser Augustus eraus, datt d'ganz Welt sech aschreiwe loosse sollt. [2] Dëst war déi éischt Zielung, déi duerchgefouert gouf, wéi de Quirinius Gouverneur vu Syrie war. [3] An alleguer goungen si sech aschreiwe loossen, jiddereen an seng Stad. [4] Och de Jouseph ass aus Galiläa, vun der Stad Nazareth, erop a Judäa gaang, an d'Davidsstad, déi Bethlehem heescht – hie war nämlech aus dem Haus an der Famill vum David –, [5] fir sech aschreiwen ze loosse mat der Maria, déi him versprach war an déi an aneren Ëmstänn war. [6] Wéi si do waren, ass fir d'Maria den Dag komm,

wou si nidderkomme sollt, 7 an si huet e Jong kritt, hiren Éischtgebuerenen. Si huet hien a Wëndele gewéckelt an an eng Krëpp geluecht, well am Wiertshaus keng Plaz fir si war.

8 An deemselwechte Streech hunn Hierden um fräie Feld gelieft an nuets bei hirer Häerd Wuecht gehal. 9 Dunn ass dem Här säin Engel op si duerkomm, an dem Här seng Herrlechkeet huet si mat Liicht ëmginn. Eng freeschlech Angscht ass an si gefuer, 10 ma den Engel sot zu hinnen: „Fäert net! Kuckt, ech verkënnegen iech eng grouss Freed, déi fir dat ganzt Vollek bestëmmt ass: 11 Fir iech ass haut an der Davidsstad e Retter op d'Welt komm; hien ass de Christus, den Här. 12 An dat hei ass d'Zeeche fir iech: Dir fannt e Këndchen, dat a Wëndele gewéckelt ass an dat an enger Krëpp läit." 13 An op eemol war bei dem Engel eng grouss himmlesch Arméi [vun Engelen], déi den Herrgott gelueft hunn a soten:

14 „Herrlechkeet dem Herrgott héich do uewen
an op der Äerd Fridden de Mënschen,
déi an senger Gonscht stinn!"

15 Wéi d'Engele vun hinne fortgaang waren an den Himmel, soten d'Hierden zueneen: „Loosse mer dach bis op Bethlehem goen an äis dat ukucken, wat geschitt ass a wat den Här äis matgedeelt huet!" 16 Si hunn sech geflass, fir dohinner ze goen, an si hunn d'Maria an de Jouseph fonnt an d'Këndchen, dat an

enger Krëpp louch. [17] Wéi si dat gesinn hunn, hunn si erzielt, wat hinnen iwwer dëst Kand gesot gi war. [18] All déi, déi et héieren hunn, hunn sech iwwer dat gewonnert, wat d'Hierden hinne soten. [19] D'Maria awer huet sech all dës Wierder gemierkt an an hirem Häerz driwwer nogeduecht. [20] Wéi d'Hierden hannescht bei hir Häerd gaang sinn, hunn si den Herrgott verherrlecht a gelueft fir dat, wat si héieren a gesinn haten – et ass alles esou gewiescht, wéi et hinne gesot gi war.

[21] Aacht Deeg drop, wéi et un der Zäit war, fir d'Kand ze beschneiden, ass et Jesus genannt ginn – dat war deen Numm, deen den Engel genannt hat, nach éier et an der Mamm hirem Schouss emfaang gi war.

[22] Wéi et un der Zäit war, fir sech dem Moses sengem Gesetz no rengegen ze loossen, hunn de Jouseph an d'Maria de Jesus erop op Jerusalem bruecht, fir hien dem Här ze weien [23] – esou wéi am Här sengem Gesetz geschriwwe steet: *All männlecht Kand, dat der Mamm hire Schouss opmécht, soll helleg genannt an dem Här geweit ginn*[a] – [24] a fir Affer duerzebréngen – esou wéi am Här sengem Gesetz gesot gëtt: *eng Koppel Duerteldauwen oder zwou jonk Dauwen*[b].

[25] Zu Jerusalem war e Mann, dee Simeon geheescht huet. Dëse war gerecht a fromm, hien huet drop gewaart, datt Israel getréischt géif, an den hellege Geescht war op him. [26] Vum hellege Geescht war him virausgesot ginn, hie geséich der Doud net,

éier hien dem Här säi Christus gesinn hätt. [27] Geleet vum Geescht, ass hien elo an den Tempel komm, a wéi d'Elteren hiert Kand, de Jesus, erabruecht hunn, fir dat, wat vum Gesetz fir hie virgeschriwwe war, ze maachen, [28] huet de Simeon d'Kand an seng Äerm geholl, huet den Herrgott gelueft a sot:

[29] „Elo kanns du däin Dénger, Här,
a Fridde goe loossen, esou wéi s du gesot hues,
[30] well meng Aen hunn d'Rettung gesinn, déi vun dir kënnt
[31] an déi s du fir all d'Vëlleker bestëmmt hues,
[32] e Liicht, dat Offenbarung bréngt fir d'Heeden an Herrlechkeet fir däi Vollek Israel."

[33] Dem Jesus säi Papp an seng Mamm hunn sech gewonnert iwwer dat, wat iwwer d'Kand gesot gouf. [34] Dunn huet de Simeon si geseent, an hie sot zu der Maria, dem Jesus senger Mamm: „Kuck, deen heiten ass agesat, fir datt duerch hien der vill an Israel falen an datt vill anerer opgeriicht ginn, an hien ass agesat, fir en Zeechen ze sinn, deem widdersprach gëtt [35] — dir selwer awer fiert och e Schwäert duerch d'Séil. Esou solle ville Mënschen hir Gedanke bekannt gemaach ginn."

[36] Do war och d'Hanna, eng Prophéitin, dem Penuël aus dem Stamm Ascher seng Duechter. Si war scho bei Alter. Als jonkt Meedchen hat si sech bestuet a siwe Joer laang mat hirem Mann gelieft. [37] Elo war si eng Witfra vu 84 Joer, déi net vum

Tempel fortgaang ass an dem Herrgott Dag an Nuecht mat Faaschten a Biede gedéngt huet. [38] An dësem Ament ass si dohi komm, huet den Herrgott gelueft an huet all deenen, déi op d'Erléisung vu Jerusalem gewaart hunn, vum Kand erzielt.

[39] Nodeems d'Maria an de Jouseph alles erfëllt haten, wat vum Här sengem Gesetz virgeschriwwe war, sinn si a Galiläa an hir Stad Nazareth hanneschtgaang. [40] D'Kand awer ass gewuess an ass staark ginn, et war erfëllt mat Weisheet, an dem Herrgott seng Gnod war op him.

[41] Dem Jesus seng Eltere sinn all Joer fir d'Pessach-Fest erop op Jerusalem gaang. [42] Wéi hien zwielef Joer al gi war, goungen si nees doropper, esou wéi et de Brauch fir d'Fest war. [43] No de Feierdeeg, wéi si sech op den Heemwee gemaach hunn, ass d'Kand, de Jesus, zu Jerusalem zréckbliwwen, ouni datt seng Elteren et an Uecht geholl hunn. [44] An der Meenung, hie wär bei anere Pilger vum Grupp, sinn si e ganzen Dag laang gaang; eréischt dunn hunn si hie bei hirer Famill an hire Bekannte gesicht. [45] Wéi si hien net fonnt hunn, sinn si hannescht op Jerusalem gaang an hunn do no him gesicht. [46] No dräi Deeg hunn si hien am Tempel fonnt. Hie souz matzen ënner de Léiermeeschter, huet hinnen nogelauschtert an huet hinne Froe gestallt. [47] All déi, déi hien héieren hunn, ware paff iwwer säi Verstand an iwwer d'Äntwerten, déi hie ginn huet. [48] Wéi seng Elteren hie gesinn hunn,

waren si ausser sech, an seng Mamm sot zu him:
„Kand, wéi konns du äis dat undoen? Kuck, däi
Papp an ech, mir hunn dech voller Angscht gesicht!"
[49] Du sot hien zu hinnen: „Firwat hutt dir mech
gesicht? Wousst dir dann net, datt ech an deem si
muss, wat mengem Papp gehéiert?" [50] Si awer hunn
dat, wat hien hinne gesot huet, net verstan. [51] Dunn
ass hie mat hinnen erof op Nazareth gaang, an hie
war sengen Elteren ënnerdon. Seng Mamm huet
sech all dës Wierder an hirem Häerz gemierkt. [52] De
Jesus awer huet zougeholl u Weisheet, un Alter an u
Gnod beim Herrgott a bei de Mënschen.

---

[a] Ex 13,2.12.
[b] Lev 12,8.

3 [1] Et war am 15. Joer vum Keeser Tiberius senger
Regierungszäit; de Pontius Pilatus war Gouverneur
vu Judäa an den Herodes Tetrarch vu Galiläa; dem
Herodes säi Brudder, de Philippus, war Tetrarch vun
Ituräa a vun Trachonitis, an de Lysanias war Te-
trarch vun Abilene; [2] den Hannas an de Kaiphas
waren deemools Hohepriister. Dunn huet den Herr-
gott säi Wuert un de Johannes, dem Zacharias säi
Jong, deen an der Wüüst war, geriicht. [3] An de Jo-
hannes ass an déi ganz Ëmgéigend vum Jordan eng
Daf vun der Ëmkéier verkënnege gaang, fir datt
d'Sënnen nogelooss géifen, [4] esou wéi et am Buch

vun de Wierder vum Prophéit Isaias geschriwwe steet:

Eng Stëmm rifft an der Wüüst:
Maacht dem Här säi Wee prett,
maacht seng Pied grued!
[5] *All Schlucht gëtt dann opgefëllt,*
an all Bierg an Hiwwel gëtt ofgedroen.
Dat Krommt gëtt rücht,
an déi knubbeleg Weeër ginn ausgeglach.
[6] *An all Mënsch gesäit d'Rettung, déi vum Herrgott kënnt.*[a]

[7] Du sot hien zu deene ville Leit, déi erauskomm sinn, fir sech vun him deefen ze loossen: „Dir Schlaangebrutt! Wien huet iech gleewe gedoen, dir kéint deem Geroos, dat kënnt, entgoen? [8] Drot Früchten, déi äert Ëmdenke weisen! A fänkt net un, iech ze soen: ,Eise Papp ass den Abraham!' Well ech soen iech: Den Herrgott kann dem Abraham aus dëse Steng Kanner maachen! [9] Elo awer ass d'Aaxt schonn un de Beem hir Wuerzel ugeluecht, an all Bam, dee keng gutt Früchten dréit, gëtt ëmgeha an an d'Feier gehäit."

[10] Dunn hunn d'Leit hie gefrot: „Wat solle mir dann elo maachen?" [11] Hien huet hinne geäntwert: „Wien zwee Hiemer huet, soll deem eent matginn, dee keent huet, a wien z'iessen huet, soll et gradesou maachen!" [12] Et koumen och Steierandreiwer, fir sech deefen ze loossen, an si soten zu him: „Meeschter,

wat solle mir da maachen?“ [13] Hien huet hinne ge-
äntwert: „Dreift net méi an ewéi dat, wat dir virge-
schriwwe krut!“ [14] Och Zaldoten hunn hie gefrot: „A
mir, wat solle mir maachen?“ Zu hinne sot hien:
„Setzt keen ënner Drock, erpresst och keen a sidd
mat ärem Sold zefridden!“

[15] D'Vollek war voll Erwaardung, an alleguer hunn
si sech bei sech gefrot, ob de Johannes net vläicht
esouguer de Messias wär. [16] Du sot hien zu hinnen
all: „Ech deefen iech elo mat Waasser, ma et kënnt
een, dee méi staark ass wéi ech, an ech sinn et net
wäert, him seng Schongstréckele lasszemaachen.
Hien deeft iech mat hellegem Geescht a mat Feier.
[17] Hien huet d'Schëpp schonn an der Hand, fir säin
Denn propper ze maachen an de Weess an senger
Scheier ze sammelen; d'Kuef awer verbrennt hie mat
Feier, dat ni ausgeet.“

[18] De Johannes huet d'Vollek nach zu villem
aneren ugehal an him esou déi Gutt Noriicht ver-
kënnegt.

[19] Nodeems den Tetrarch Herodes vun him zu-
rechtgewise gi war wéinst der Herodias, sengem
Brudder senger Fra, a wéinst all deem Béisen, dat hie
gemaach hat, [20] koum och nach bei all dat anert
derbäi, datt hien de Johannes an de Prisong gespaart
huet.

[21] Wéi dat ganzt Vollek gedeeft ginn ass, ass och
de Jesus gedeeft ginn. Iwwerdeems hie gebiet huet,
ass den Himmel opgemaach ginn, [22] an den hellege

Geescht ass an der Gestalt vun enger Dauf op hien
erofkomm. An eng Stëmm koum aus dem Himmel:
„Du bass mäi Jong, an ech hunn dech gär; du stees a
menger Gonscht!"

23 Wéi de Jesus ugefaang huet, [an der Ëffent-
lechkeet opzetrieden,] war hien ongeféier 30 Joer al.
Hie gouf fir dem Jouseph säi Jong gehal. [De
Jouseph war] dem Eli säi Jong, 24 deen dem Matthat
säi Jong, deen dem Levi säi Jong, deen dem Melchi
säi Jong, deen dem Jannai säi Jong, deen dem
Jouseph säi Jong, 25 deen dem Mattathias säi Jong,
deen dem Amos säi Jong, deen dem Nahum säi
Jong, deen dem Hesli säi Jong, deen dem Naggaï säi
Jong, 26 deen dem Maath säi Jong, deen dem Matta-
thias säi Jong, deen dem Seméin säi Jong, deen dem
Josech säi Jong, deen dem Joda säi Jong, 27 deen dem
Johanan säi Jong, deen dem Resa säi Jong, deen dem
Zorobabel säi Jong, deen dem Salathiel säi Jong,
deen dem Neri säi Jong, 28 deen dem Melchi säi Jong,
deen dem Addi säi Jong, deen dem Kosam säi Jong,
deen dem Elmadam säi Jong, deen dem Er säi Jong,
29 deen dem Jesus säi Jong, deen dem Eliezer säi
Jong, deen dem Jorim säi Jong, deen dem Matthat säi
Jong, deen dem Levi säi Jong, 30 deen dem Simeon
säi Jong, deen dem Juda säi Jong, deen dem Jouseph
säi Jong, deen dem Jonam säi Jong, deen dem
Eliakim säi Jong, 31 deen dem Melea säi Jong, deen
dem Menna säi Jong, deen dem Mattatha säi Jong,
deen dem Nathan säi Jong, deen dem David säi

Jong, [32] deen dem Jesse säi Jong, deen dem Obed säi Jong, deen dem Boos säi Jong, deen dem Sala säi Jong, deen dem Nachschon säi Jong, [33] deen dem Amminadab säi Jong, deen dem Admin säi Jong, deen dem Arni säi Jong, deen dem Hezron säi Jong, deen dem Phares säi Jong, deen dem Juda säi Jong, [34] deen dem Jakob säi Jong, deen dem Isaak säi Jong, deen dem Abraham säi Jong, deen dem Thara säi Jong, deen dem Nachor säi Jong, [35] deen dem Seruch säi Jong, deen dem Ragau säi Jong, deen dem Phalek säi Jong, deen dem Eber säi Jong, deen dem Sala säi Jong, [36] deen dem Kainam säi Jong, deen dem Arphaxad säi Jong, deen dem Sem säi Jong, deen dem Noah säi Jong, deen dem Lamech säi Jong, [37] deen dem Mathusala säi Jong, deen dem Henoch säi Jong, deen dem Jaret säi Jong, deen dem Maleleël säi Jong, deen dem Kainam säi Jong, [38] deen dem Enos säi Jong, deen dem Seth säi Jong, deen dem Adam säi Jong, deen dem Herrgott säi Jong.

---

[a] Is 40,3-5 LXX.

4 [1] Erfëllt vun hellegem Geescht, ass de Jesus vum Jordan zréckkomm, an hien ass vum Geescht an der Wüüst ronderëmgefouert ginn, [2] 40 Deeg laang, an deenen hie vum Däiwel op d'Prouf gestallt gouf. All déi Zäit huet hien näischt giess, esou datt hien um Enn hongereg war. [3] Du sot den Däiwel zu him:

„Wann s du dem Herrgott säi Jong bass, da so dësem Steen, e soll Brout ginn!" [4] De Jesus huet him geäntwert: „Et steet geschriwwen: *De Mënsch lieft net nëmme vu Brout.*[a]" [5] Dunn huet den Däiwel hien héich eropgefouert an him an engem an deemselwechten Ament alleguer d'Räicher vun der Welt gewisen, [6] an hie sot zu him: „Dir ginn ech all hir Muecht an Herrlechkeet, well se ass mir iwwerlooss, an ech ginn se, wiem ech wëll. [7] Wann s du also elo viru mir nidderfäls a mech ubiets, da gehéiert dat alles dir!" [8] De Jesus huet him geäntwert: „Et steet geschriwwen: *Den Här, däi Gott, solls du ubieden, an him eleng solls du déngen.*[b]" [9] Dunn huet den Däiwel hien op Jerusalem gefouert an hien op d'Spëtzt vum Tempel gestallt, an hie sot zu him: „Wann s du dem Herrgott säi Jong bass, da gehei dech vun hei erof! [10] Et steet nämlech geschriwwen: *Hie gëtt sengen Engelen den Uerder, dech ze behidden,* [11] an: *Op den Hänn droen si dech, fir datt s du dir de Fouss net un engem Stee stéiss.*[c]" [12] De Jesus huet him geäntwert: „Et ass gesot: *Du solls den Här, däi Gott, net op d'Prouf stellen!*[d]" [13] Wéi den Däiwel du mat all senge Versuchunge fäerdeg war, huet hien sech vum Jesus ewechgehal, bis et un der Zäit war.

[14] An der Kraaft vum Geescht ass de Jesus hannescht a Galiläa gaang. Säi Ruff huet sech an der ganzer Ëmgéigend verbreet. [15] Hien huet si an hire Synagoge geléiert, an hien ass vun alle Leit geéiert ginn.

¹⁶ Hien ass och op Nazareth gaang, duer, wou hien opgewuess war. Esou wéi et um Sabbat seng Gewunnecht war, ass hien an d'Synagog gaang, an do ass hien opgestan, fir virzeliesen. ¹⁷ Hie krut d'Buch vum Prophéit Isaias gereecht. Hien huet d'Buch opgemaach an déi Plaz fonnt, wou geschriwwe steet:

¹⁸ *Dem Här säi Geescht ass op mir,*
well hien huet mech gesaleft.
Fir deenen Aarmen eng gutt Noriicht ze verkënnegen,
huet hie mech geschéckt,
fir deene Gefaangenen ze verkënnegen,
datt si fräikommen,
an deene Blannen, datt si nees gesinn,
fir déi Gebrachen an d'Fräiheet ze schécken
¹⁹ *an e Gnodejoer vum Här auszeruffen.*ᵉ

²⁰ Nodeems hien d'Buch zougemaach an et dem Dénger hanneschtginn hat, huet hien sech gesat. All déi, déi an der Synagog waren, hu gespaant op hie gekuckt. ²¹ Dunn huet hien ugefaang, hinnen z'erklären: „Haut ass dëst Wuert aus der Schrëft bei iech zou an Erfëllung gaang."ᶠ ²² Alleguer hunn si sech iwwer hie belueft. Si ware verwonnert iwwer déi Wierder vu Gnod, déi aus sengem Mond komm sinn, a soten: „Ass dat net dem Jouseph säi Jong?" ²³ Du sot hien zu hinnen: „Dir wäert mir sécher elo d'Spréchwuert virhalen: Dokter, heel dech selwer! Mir hu vun all deem héieren, wat zu Kapharnaum geschitt ass; da maach dat och hei an denger Hee-

mecht!" [24] An hie sot: „Amen, ech soen iech: Kee Prophéit gëtt an senger Heemecht gutt opgeholl. [25] Dat, wat ech iech elo soen, ass wouer: Zum Elias senger Zäit gouf et vill Witfraen an Israel, deemools, wéi den Himmel dräi Joer a sechs Méint laang zougespaart war a wéi eng grouss Hongersnout iwwer dat ganzt Land komm war. [26] Den Elias ass awer bei keng vun hinne geschéckt ginn, ma bei eng Witfra op Sarepta bei Sidon. [27] A vill Aussätzeger gouf et an Israel zum Prophéit Elisäus senger Zäit. Et gouf awer kee vun hinne gerengegt, ma de Syrer Naaman." [28] Wéi d'Leit an der Synagog dat héieren hunn, sinn si alleguer rose ginn. [29] Si sinn opgestan an hunn de Jesus aus der Stad erausgejot a bei den Hank vum Bierg gefouert, op deem hir Stad gebaut war, fir hien de Fiels erofzegeheien. [30] Ma de Jesus ass matzen duerch d'Leit senger Wee gaang.

[31] Hien ass erofgaang op Kapharnaum, eng Stad a Galiläa. Um Sabbat huet hien si geléiert. [32] Si waren ausser sech iwwer seng Léier, well seng Ried hat Autoritéit.

[33] An der Synagog war een, deen de Geescht vun engem onrengen Dämon an sech hat. Hien huet haart gejaut: [34] „Ha, wat hu mir mat dir ze doen, Jesus vun Nazareth? Bass du komm, fir äis ze zerstéieren? Ech weess, wien s du bass: den Hellegen, dee vum Herrgott kënnt!" [35] Dunn huet de Jesus him gedreet: „Sief roueg a fuer aus deem Mënsch do eraus!" Dueropshin huet den Dämon de Mann an

d'Mëtt gehäit an ass aus him erausgefuer, ouni him eppes ze doen. [36] D'Leit sinn all erféiert, an si soten een zu deem aneren: „Wat ass dat do fir eng Ried, well hie mat Autoritéit a Kraaft deenen onrenge Geeschter en Uerder gëtt, an si fueren [aus de Leit] eraus?" [37] An d'Zëddeng vun him ass op all Plaz an der Ëmgéigend erausgedroe ginn.

[38] De Jesus awer ass an der Synagog opgestan an dunn an dem Simon säin Haus gaang. Dem Simon seng Schwéiermamm hat héicht Féiwer, an si hunn de Jesus gefrot, [fir hir ze hëllefen]. [39] Hien ass dohi getratt, huet sech iwwer si gebéckt an huet dem Féiwer gedreet, an dunn ass d'Féiwer vun hir gewach. D'Fra ass gläich opgestan an huet si bedéngt.

[40] Wéi d'Sonn ënnergaang ass, hunn alleguer d'Leit, déi Kranker mat ganz verschiddene Leiden haten, si bei hie bruecht. Hien huet jidderengem vun hinnen d'Hänn opgeluecht an si all geheelt. [41] Et sinn och aus ville vun hinnen Dämonen erausgefuer, déi gejaut hunn a soten: „Du bass dem Herrgott säi Jong!" De Jesus huet hinne gedreet an si net esou schwätze gelooss, well si woussten, datt hien de Christus war.

[42] Wéi et Muerge ginn ass, ass de Jesus erausgaang op eng ofgeleeë Plaz. Déi vill Leit hunn hie gesicht; si si bis bei hie komm a wollten hien do halen, fir datt hien net vun hinne fortgoe kéint. [43] Ma hie sot zu hinnen: „Ech muss dach och deenen anere Stied déi Gutt Noriicht vum Herrgott sengem Räich

verkënnegen, duerfir sinn ech jo geschéckt ginn."
[44] An hien huet [d'Evangelium] an de Synagoge vu
Judäa verkënnegt.

---

[a] Dtn 8,3.
[b] Dtn 6,13.
[c] Ps 91,11f.
[d] Dtn 6,16.
[e] Is 61,1-2 LXX; Is 58,6.
[f] Wuertwiertlech: Haut ass dës Schrëft an ären Oueren an
Erfëllung gaang.

5 [1] Dat hei ass geschitt, wéi vill Leit sech ëm de
Jesus gedréckt hunn, fir dem Herrgott säi Wuert ze
lauschteren: De Jesus stoung beim Séi vu Genne-
sareth, [2] an hien huet zwéin Naache gesinn, déi beim
Séi louchen. D'Fëscher waren erausgeklomm an
hunn d'Netzer gewäsch. [3] Dunn ass de Jesus an ee
vun den Naache geklomm, dem Simon säin, an huet
hie gefrot, fir e Stéck erauszefueren. Hien huet sech
gesat an huet vum Naachen aus déi vill Leit geléiert.

[4] Wéi hie färdeg war mat Schwätzen, sot hien
zum Simon: „Fuer eraus bis dohinner, wou et déif
ass, a loosst är Netzer erof fir ze fëschen!" [5] De
Simon huet geäntwert: „Meeschter, déi ganz Nuecht
hu mir äis kristillegt, a mir hunn näischt kritt; ma
wann s du et sees, da loossen ech d'Netzer erof."
[6] Wéi si dat gemaach hunn, hunn si mat enger Kéier
esou eng Onmass Fësch gefaang, datt hir Netzer bal

gerass sinn. [7] Si hunn hire Komperen an deem aneren Naachen en Zeeche gemaach, datt si kommen an hinnen eng Hand upake sollten. Déi si komm, an si hunn déi zwéin Naache gefëllt, esou datt dës drop an dru ware fir ënnerzegoen. [8] Wéi de Simon Péitrus dat gesinn huet, ass hie virum Jesus op d'Knéie gefall a sot: „Géi fort vu mir, Här, well ech sinn e Sënner!" [9] Hien an all déi aner, déi bei him waren, waren nämlech erféiert, well si esou vill Fësch beienee gefaang haten. [10] Gradesou ass et dem Jakobus an dem Johannes gaang, dem Zebedäus senge Jongen, déi mat dem Simon zesummegeschafft hunn. Du sot de Jesus zum Simon: „Fäert net! Vun elo u solls du Mënsche fänken!" [11] Nodeems si d'Naachen nees u Land gezunn haten, hunn si alles stoen a leie gelooss a sinn dem Jesus nogaang.

[12] Wéi de Jesus an enger vun deene Stied war, war do e Mann, dee voll Aussaz war. Wéi hien de Jesus gesinn huet, huet hien sech niddergehäit, mam Gesiicht op de Buedem, an huet hie gebieden: „Här, wann s du wëlls, kanns du maachen, datt ech reng ginn[a]." [13] De Jesus huet d'Hand ausgestreckt, huet deen Aussätzege beréiert a sot zu him: „Ech wëll: Gëff reng!" Am selwechten Ament ass den Aussaz vum Mann gewach. [14] Dunn huet de Jesus dem Mann den Uerder ginn: „So kengem eppes heivun, ma géi, weis dech dem Priister an affer fir deng Rengegung dat, wat de Moses virgeschriwwen huet, als Zeegnes fir si!"

¹⁵ Et gouf ëmmer méi iwwer hie geschwat, a ganz vill Leit sinn zesummekomm, fir him nozelauschteren a fir vun hire Krankheete geheelt ze ginn. ¹⁶ Hien awer huet sech an d'Wüüst zréckgezunn an huet do gebiet.

¹⁷ Ee vun deenen Deeg, wéi hien si geléiert huet, souze Pharisäer do an där, déi de Leit d'Gesetz erkläert hunn. Si waren aus allen Dierfer aus Galiläa a Judäa a vu Jerusalem komm. An dem Här seng Kraaft war am Jesus, fir datt hien heele konnt. ¹⁸ Dunn hu Männer e Mënsch, dee geläämt war, op enger Brëtsch dohi bruecht. Si hu versicht, hien eranzedroen an hie virun de Jesus ze leeën. ¹⁹ Well si wéinst deene ville Leit kee Wee fonnt hunn, wéi si hien erandroe kéinten, sinn si op den Daach geklomm. Do hunn si de Mann mat der Drobier duerch d'Zillen erduerch an d'Mëtt erofgeloos, just virun de Jesus. ²⁰ Wéi deen hire Glaf gesinn huet, sot hien: „Mënsch, deng Sënne sinn dir nogelooss." ²¹ D'Schrëftgeléiert an d'Pharisäer awer hunn ugefaang, sech ze bedenken, a soten dunn: „Wien ass deen doten, deen esou Gotteslästerunge vun sech gëtt? Wie kann da Sënnen noloossen, wann net den Herrgott eleng?" ²² De Jesus huet hir Gedanken erkannt, dofir huet hien hinne geäntwert: „Firwat denkt dir esou eppes an ärem Häerz? ²³ Wat ass da méi liicht: ze soen: ‚Deng Sënne sinn dir nogelooss!', oder ze soen: ‚Stéi op a géi!'? ²⁴ Dir sollt awer wëssen, datt de Mënschejong Muecht huet, op der Äerd

Sënnen nozeloossen." An hie sot zu deem geläämte Mann: „Stéi op, huel deng Drobier a géi heem!" [25] Direkt ass de Mann bei hinnen zou opgestan. Hien huet säi Leeër opgehuewen, ass heemgaang an huet den Herrgott gelueft. [26] Si waren alleguerten ausser sech, an och si hunn den Herrgott gelueft. Vun Angscht erfëllt, hunn si gesot: „Mir hunn haut eppes Aussergewéinleches gesinn!"

[27] Duerno ass de Jesus erausgaang, an hien huet e Steierandreiwer gesinn, dee Levi geheescht huet an dee beim Oktroishaische souz. De Jesus sot zu him: „Komm mir no!" [28] De Steierandreiwer huet alles stoen a leie gelooss, ass opgestan an ass dem Jesus nogaang. [29] An de Levi huet an sengem Haus e grousst Iesse fir de Jesus ginn. Ganz vill Steieran- dreiwer an nach aner Leit ware mat hinne bei Dësch. [30] Dunn hunn d'Pharisäer an hir Schrëftgeléiert ge- knoutert an zu senge Jünger gesot: „Firwat iesst an drénkt dir mat de Steierandreiwer an de Sënner?" [31] De Jesus huet hinne geäntwert: „Et sinn net déi Gesond, déi en Dokter brauchen, ma déi Krank. [32] Ech sinn net komm, fir déi Gerecht ze ruffen, ma d'Sënner, fir datt si ëmdenken."

[33] Si awer soten zu him: „Dem Johannes seng Jünger faaschten dacks a biede vill, d'selwecht wéi de Pharisäer hir Jünger; deng Jünger awer iessen an drénken!" [34] De Jesus sot zu hinnen: „Kënnt dir éiren d'Hochzäitsgäscht faaschten doen, soulaang wéi de Bräitchemann bei hinnen ass? [35] Ma den Dag kënnt,

wou de Bräitchemann vun hinnen ewechgeholl gëtt; deen Dag, da faaschten si."

³⁶ Hien huet hinnen awer och e Gläichnes erzielt: „'t gëtt keen, deen e Stéck Stoff, dat hie vun engem neie Mantel erofgerappt huet, op en ale Mantel setze géif; soss zerrappt hien deen neie Mantel, an d'Stéck vun deem neie Mantel passt och nach net bei deen alen. ³⁷ 't gëtt och keen, deen neie Wäin an al Schläich schëdde géif; soss deet deen neie Wäin d'Schläich platzen, e leeft aus, an d'Schläich gi futti. ³⁸ Villméi muss een neie Wäin an nei Schläich schëdden! ³⁹ A keen, deen ale Wäi gedronk huet, wëllt neien – hie seet nämlech: ‚Deen ale Wäin ass besser.'"

ᵃ Reng ginn oder reng sinn respektiv rengegen betreffen esouwuel d'Gesondheet wéi och déi kultesch Rengheet. E Mënsch, deen onreng war, war och aus der Gesellschaft ausgeschloss.

6 ¹ An et huet sech esou fonnt, datt de Jesus op engem Sabbat duerch d'Karstécker gaang ass. Seng Jünger hunn d'Éien ofgerappt, se mat den Hänn zerriwwen an se giess. ² E puer vun de Pharisäer soten: „Firwat maacht dir eppes, wat um Sabbat net erlaabt ass?" ³ De Jesus huet hinne geäntwert: „Hutt dir net gelies, wat den David gemaach huet, wéi hien hongereg war, hien an déi, déi bei him waren, ⁴ a wéi hien

dunn an dem Herrgott säin Haus gaang ass an dat
geweitent Brout geholl a giess huet, a wéi hien och
deenen, déi bei him waren, däers Brout ginn huet,
obschonns ausser de Priister keen et huet däerfen
iessen?" [5] An hie sot zu hinnen: „De Mënschejong
ass Här a Meeschter iwwer de Sabbat!"

[6] Op engem anere Sabbat ass de Jesus an d'Syna-
gog eragaang an huet d'Leit geléiert. Do war e Mann,
deem seng riets Hand verkrëppelt[a] war. [7] D'Schrëft-
geléiert an d'Pharisäer hunn de Jesus am A behal an
uechtgedoen, ob hien um Sabbat heele géif, fir datt si
eppes fanne kéinten, fir hien unzekloen. [8] De Jesus
awer huet hir Gedanke kannt, an hie sot zu deem
Mann mat där verkrëppelter Hand[b]: „Stéi op a stell
dech an d'Mëtt!" De Mann ass opgestan an huet
sech dohinner gestallt. [9] Dunn huet de Jesus si
gefrot: „Ass et erlaabt, op engem Sabbat Guddes ze
doen, oder soll ee Béises maachen? Soll ee Liewe
retten oder et zerstéieren?" [10] Hien huet si all der Rei
no bekuckt a sot dunn zum Mann: „Streck deng
Hand aus!" De Mann huet dat gemaach, an d'Hand
war geheelt. [11] Si awer hunn sech net méi gepackt vu
Roserei an hunn sech matenee beroden, wat si dem
Jesus doe kéinten.

[12] Där Deeg een ass de Jesus fortgaang op de
Bierg fir ze bieden, an hien huet déi ganz Nuecht am
Gebiet mam Herrgott verbruecht. [13] Wéi et Dag ginn
ass, huet hien seng Jünger bei sech geruff an huet der
zwielef vun hinnen ausgewielt, déi hien dunn Apos-

tele genannt huet: [14] de Simon, deen hien och Péitrus genannt huet, an den Andreas, säi Brudder; de Jakobus, de Johannes, de Philippus, de Bartholomäus, [15] de Matthäus, den Thomas, de Jakobus, dem Alphäus säi Jong, an de Simon, deen Zelot genannt gouf; [16] de Judas, dem Jakobus säi Jong, an de Judas Iskarioth, deen zum Verréider ginn ass.

[17] Nodeems de Jesus mat hinne vum Bierg erofkomm war, ass hien op enger Gläicht stoe bliwwen. Vill vun senge Jünger an eng Onmass Leit aus dem Vollek, aus ganz Judäa a vu Jerusalem an aus [de Stied] Tyrus a Sidon, déi um Mier leien, [18] ware komm, fir him nozelauschteren a fir vun hire Krankheete gehelt ze ginn. Och all déi, déi vun onrenge Geeschter geplot gi sinn, goufe gesond gemaach. [19] Déi sëllege Leit hu versicht, hien unzepaken, well eng Kraaft vun him ausgaang ass an si all gehelt huet.

[20] De Jesus huet seng Jünger gekuckt a sot: „Glécklech dir Aarm, well iech gehéiert dem Herrgott säi Räich! [21] Glécklech dir, déi dir elo Honger leit, well den Dag kënnt, wou dir gesiedegt gitt! Glécklech dir, déi dir elo kräischt, well den Dag kënnt, wou dir nees laacht! [22] Glécklech sidd dir, wann d'Leit iech wéinst dem Mënschejong senger haassen a wann si iech ausschléissen, iech Frechheete maachen an ären Numm duerch den Dreck zéien! [23] Sidd deen Dag frou, danzt vu Freed, well äre Loun ass grouss am Himmel. Esou hunn nämlech hir

Pappen et och mat de Prophéite gemaach. ²⁴ Ma gare ärer, dir Räich, well dir hutt ären Trouscht scho kritt! ²⁵ Gare ärer, déi dir elo gesiedegt sidd, well den Dag kënnt, wou dir Honger leit! Gare ärer, déi dir elo laacht, well den Dag kënnt, wou dir trauert a kräischt! ²⁶ Gare ärer, wann alleguer d'Leit iech luewen! Esou hunn nämlech hir Pappen et och mat de falsche Prophéite gemaach. ²⁷ Iech awer, déi dir elo nolauschtert, iech soen ech: Hutt är Feinde gär; sidd gutt géint déi, déi iech haassen; ²⁸ seent déi, déi iech verfluchen; biet fir déi, déi iech erofmaachen! ²⁹ Deem, deen dech op deen ee Bak schléit, deem hal och deen aneren dohin, an deem, deen dir de Mantel hëlt, deem verwier och d'Hiem net! ³⁰ Wien och ëmmer dech fir eppes freet, deem gëff et, a wien dir Däint hëlt, vun deem fro dir et net zréck!

³¹ Dat, wat dir wëllt, datt d'Leit fir iech maachen, dat maacht gradesou fir si! ³² Wann dir déi gär hutt, déi frou mat iech sinn, wat fir e Merci kënnt dir duerfir kréien? Och d'Sënner hunn déi gär, déi frou mat hinne sinn. ³³ A wann dir deene Guddes dot, déi iech Guddes doen, wat fir e Merci kënnt dir duerfir kréien? Och d'Sënner maachen dat. ³⁴ A wann dir deenen eppes léint, vun deenen dir et zréckzekréien hofft, wat fir e Merci kënnt dir duerfir kréien? Och Sënner léinen anere Sënner eppes, fir et zréckze-kréien. ³⁵ Dir awer, dir sollt är Feinde gär hunn, Guddes doen a léinen, ouni eppes zréck ze erhoffen! Dann ass äre Loun grouss, an dir gitt Kanner vum

Allerhéchsten; och hien ass nämlech gutt géint déi Ondankbar an déi Wéischt.

[36] Sidd baarmhäerzeg, esou wéi och äre Papp baarmhäerzeg ass! [37] Riicht net, da gitt och dir net geriicht, a veruerteelt net, da gitt och dir net veruerteelt. Spriecht déi aner fräi, da gitt och dir fräigesprach. [38] Gitt, da gëtt och iech ginn; an enger gudder, fest gedréckter a geréselter Mooss, déi iwwerleeft, gëtt et iech an de Schouss geluecht. Well mat där Mooss, mat där dir moosst, gëtt och fir iech gemooss."

[39] De Jesus huet och nach e Verglach gemaach: „Kann e Blannen éiren en anere Blanne féieren? Falen si dann net allebéid an de Gruef? [40] E Jünger steet net iwwer dem Meeschter. Jiddereen awer, dee gutt ausgebilt ass, gëtt ewéi säi Meeschter.

[41] Firwat gesäis du d'Spläiter an dengem Brudder sengem A, ma de Käffer an dengem eegenen A hëls du net an Uecht? [42] Wéi kanns du zu dengem Brudder soen: ‚Brudder, looss mech d'Spläiter an dengem A erauszéien', wann s du de Käffer an dengem eegenen A net gesäis? Du Schäinhellegen, zéi fir d'éischt de Käffer aus dengem A eraus, an da kanns du kucken, fir d'Spläiter an dengem Brudder sengem A erauszezéien.

[43] Et gëtt kee gudde Bam, dee schlecht Friichten droe géif, an ëmgedréit gëtt et och kee schlechte Bam, dee gutt Friichten droe géif. [44] All Bam gëtt un senge Friichten erkannt; vun Dëschtele pléckt een

nämlech keng Figen, a vun enger Därenheck liest ee keng Drauwen. ⁴⁵ Dee gudde Mënsch bréngt aus deem gudde Schaz vun sengem Häerz Guddes ervir, an dee béise Mënsch bréngt aus deem Béise Béises ervir, well wouvunner d'Häerz voll ass, dovunner leeft de Mond iwwer. ⁴⁶ Firwat awer nennt dir mech ,Här, Här', ma dir maacht net, wat ech soen?

⁴⁷ Jiddereen, dee bei mech kënnt, meng Wierder héiert an sech dono riicht, ech soen iech, wiem hie gläicht: ⁴⁸ Hie gläicht engem Mann, deen en Haus baut. Hien huet déif ausgehuewen an op de Fiels d'Fëllement geluecht. Wéi dunn Héichwaasser koum, huet de Floss sech un deem Haus gebrach, ma e war net staark genuch, fir et un d'Wackelen ze kréien, well et gutt gebaut war. ⁴⁹ Deejéinegen awer, dee [meng Wierder] héieren huet an sech net dono riicht, gläicht engem Mann, deen en Haus gläich dem Buedem ge-baut huet, ouni Fëllement. De Floss huet sech um Haus gebrach, et ass eenzock zesummegefall, an de Schued un deem Haus war grouss."

ᵃ Wuertwiertlech: verdréchent.
ᵇ Wuertwiertlech: mat där verdréchenter Hand.

7 ¹ Nodeems de Jesus mat senger Ried un d'Vollek fäerdeg war, ass hien a Kapharnaum eragaang. ² E Centurio hat en Dénger, op deen hie grouss Stécker gehal huet. Dësen Dénger war krank a louch um

Stierwen. ³ Wéi elo de Centurio vum Jesus héieren huet, huet hien déi jüddesch Eelst bei hie geschéckt, fir hien ze bieden, datt hie kommen an den Dénger rette sollt. ⁴ Si si bei de Jesus komm an hunn hien drëm gebieden, an si soten: „De Centurio ass et wäert, datt s du him säi Begier erfëlls, ⁵ well hien huet eist Vollek gär, an hien huet äis d'Synagog gebaut." ⁶ De Jesus ass mat hinne gaang, ma wéi hien net méi wäit vum Haus ewech war, huet de Centurio Frënn geschéckt, fir him ze soen: „Här, beméi dech net! Ech sinn net gutt genuch, datt s du bei mech heem kënns. ⁷ Dowéinst hunn ech mech och net fir wäert gehal, fir selwer bis bei dech ze kommen. So nëmmen ee Wuert, da gëtt mäi Kniecht gesond! ⁸ Och ech sinn nämlech e Mënsch, deen enger Auto-ritéit ënnersteet, an ech selwer hunn Zaldoten ënner mir. Wann ech zu deem enge soen: ‚Géi!', da geet hien, an zu deem aneren: ‚Komm!', da kënnt hien, an zu mengem Dénger: ‚Maach dat do!', da mécht hien et." ⁹ Wéi de Jesus dat héieren huet, huet hien sech iwwer de Mann gewonnert, an hien huet sech zu deene ville Leit, déi him nogaang sinn, gedréit a sot: „Ech soen iech: An Israel hunn ech keen esou grousse Glawe fonnt!" ¹⁰ Wéi déi Leit, déi vum Cen-turio bei de Jesus geschéckt gi waren, hannescht an d'Haus gaang sinn, hunn si gesinn, datt den Dénger nees gesond war.

¹¹ Duerno ass dat hei geschitt: De Jesus ass an eng Stad gaang, déi Nain heescht, an seng Jünger an

eng Onmass Leit si mat him gaang. [12] Wéi hie bei d'Paart vun der Stad koum, gouf grad en Doudegen erausgedroen. Et war deen eenzege Jong vun senger Mamm, déi och nach Witfra war. Eng Häerd Leit aus der Stad ware bei hir. [13] Wéi den Här si gesinn huet, huet et him am Häerz wéigedoen, an hie sot zu hir: „Kräisch net!" [14] Hien ass bei d'Bor getratt an huet se beréiert. D'Dréier si stoe bliwwen, an hie sot: „Jonke Mënsch, ech soen dir: Gëff waakreg!" [15] Deen Doudegen huet sech opgesat an huet ugefaang ze schwätzen. Dunn huet de Jesus hien senger Mamm hanneschtginn. [16] All déi, déi ronderëm stoungen, hunn et mat der Angscht ze doe kritt, an si hunn den Herrgott gelueft a soten: „E grousse Prophéit ass matzen ënner äis opgetratt!" an: „Den Herrgott ass bei säi Vollek komm!" [17] An et ass a ganz Judäa an an der ganzer Ëmgéigend iwwer de Jesus geschwat ginn.

[18] Dem Johannes seng Jünger hunn him vun all deem erzielt. Dunn huet de Johannes der zwéi vun senge Jünger bei sech geruff [19] an huet si bei den Här geschéckt, fir ze froen: „Bass du deen, dee komme soll, oder solle mir op en anere waarden?" [20] Wéi si bei de Jesus komm sinn, soten d'Männer: „De Johannes den Deefer schéckt äis bei dech fir ze froen: Bass du deen, dee komme soll, oder solle mir op en anere waarden?" [21] Deen Ament huet hien der vill vun hire Krankheeten a Leiden a vu béise Geeschter geheelt, a ville Blannen huet hien d'Gnod geschenkt,

ze gesinn. [22] Hien huet hinne geäntwert: „Gitt hin an erzielt dem Johannes, wat dir héiert a gesitt: Déi Blann gesinn nees, an déi Schlamm kënnen erëm goen; déi Aussätzeg gi gerengegt, an déi Daf héieren op en Neis; déi Doudeg ginn erwächt, an deenen Aarme gëtt eng gutt Noriicht verkënnegt. [23] A glécklech ass dann deen, deen u mir keen Ustouss hëlt."

[24] Nodeems dem Johannes seng Buete fortgaang waren, huet de Jesus ugefaang, mat deene ville Leit iwwer de Johannes ze schwätzen. Hie sot: „Wat wollt dir iech ukucken, wéi dir an d'Wüüst erausgaang sidd? En Hallem, dee vum Wand hin an hier geblose gëtt? [25] Oder wat wollt dir gesinn, wéi dir erausgaang sidd? E Mënsch, dee seiden a samette Kleeder unhuet? Kuckt, Leit, déi prächteg gekleet sinn an am Luxus liewen, déi sinn an de Kinnekshaiser. [26] Oder wat wollt dir gesinn, wéi dir erausgaang sidd? E Prophéit? Jo, ech soen iech, esouguer méi wéi e Prophéit. [27] De Johannes ass et, iwwer dee geschriwwe steet:

Kuck, ech schécke mäi Buet virun dir hier:
Hie geet virun dir *a bereet däi Wee vir.*[a]

[28] Ech soen iech: Ënner deenen, déi jee vun enger Fra gebuer goufen, ass kee méi grouss wéi de Johannes – an dach ass dee Klengsten am Herrgott sengem Räich méi grouss wéi hien. [29] Dat ganzt Vollek, dat nogelauschtert huet, an esouguer d'Steier-

andreiwer hunn erkannt, datt den Herrgott gerecht
ass, an si hunn sech vum Johannes deefe gelooss.
30 D'Pharisäer awer an déi, déi sech am Gesetz aus-
kannt hunn, hunn dem Herrgott säi Wëllen net uner-
kannt, an si hunn sech net vum Johannes deefe ge-
looss.

31 Mat wiem soll ech d'Mënsche vun dëser Gene-
ratioun vergläichen, a wiem gläichen si? 32 Si gläiche
Kanner, déi op der Maartplaz sëtzen an sech eent
deem aneren zouruffen: ‚Mir hu fir iech op der Flütt
gespillt, an dir hutt net gedanzt; mir hunn Trauer-
lidder gesong, an dir hutt net gekrasch!' 33 De Jo-
hannes den Deefer ass nämlech komm, hien ësst kee
Brout an hien drénkt kee Wäin, an dir sot: ‚Hien ass
vun engem Dämon besiess!' 34 De Mënschejong ass
komm, hien ësst an hien drénkt, an dir sot: ‚Kuckt,
wat ass hien e Fréisser an e Sëffer, e Frënd vu Steier-
andreiwer a vu Sënner!' 35 An dach huet d'Weisheet
vun all hire Kanner recht kritt!"

36 Ee vun de Pharisäer huet de Jesus gefrot, ob
hie mat him iesse kéim, an de Jesus ass an dem
Pharisäer säin Haus eragaang an huet sech bei Dësch
niddergelooss. 37 An där Stad gouf et eng Fra, déi als
Sënnerin bekannt war. Wéi si gewuer ginn ass, datt
de Jesus an dem Pharisäer sengem Haus bei Dësch
war, huet si eng Alabasterfläsch mat parfüméiertem
Ueleg mat dohinner geholl. 38 Si ass vun hanne bei
de Jesus getratt an huet ugefaang mat Kräischen. Mat
hiren Tréinen huet si seng Féiss naass gemaach, a

mat hiren Hoer huet si se ofgedréchent. Dunn huet si seng Féiss gekësst an se mat dem Ueleg gesaleft. [39] Wéi de Pharisäer, deen de Jesus op d'Iesse geruff hat, dat gesinn huet, sot hien sech: „Wann hien e Prophéit wär, da wéisst hien, wat dat fir eng Fra ass, déi hien upaakt: Si ass dach eng Sënnerin!" [40] De Jesus huet him geäntwert: „Simon, ech hunn dir eppes ze soen." De Simon sot: „Meeschter, so et!" – [41] „Zwee Leit stounge bei engem an der Schold, dee Sue verléint; deen ee war him 500 Sëlwermënze schëlleg, deen aneren der 50. [42] Well si d'Suen net zréckbezuele konnten, huet hien deene béiden hir Schold nogelooss. Wie vun deenen zwee ass elo méi frou mat him?" [43] De Simon huet geäntwert: „Ech huelen un, datt et deen ass, deem hien am meeschten nogelooss huet." De Jesus sot zu him: „Dat hues du richteg gesinn." [44] Hien huet sech bei d'Fra gedréit a sot zum Simon: „Gesäis du déi Fra hei? Ech sinn an däin Haus erakomm, an du hues mir kee Waasser fir d'Féiss ginn; si awer huet meng Féiss mat hiren Tréinen naass gemaach an se mat hiren Hoer ofgedréchent. [45] Du hues mir kee Kuss ginn; si awer huet zënter datt ech erakomm sinn net opgehal, meng Féiss ze kёssen. [46] Du hues mir de Kapp net mat Ueleg gesaleft; si awer huet meng Féiss mat parfüméiertem Ueleg gesaleft. [47] Duerfir soen ech dir: Hir vill Sënne sinn hir nogelooss, well si vill Léift gewisen huet. Wiem dergéint wéineg nogelooss gëtt, dee weist och wéineg Léift." [48] Zu der Fra awer sot

hien: „Deng Sënne sinn dir nogelooss." [49] Dunn
hunn déi, déi mat um Dësch waren, ugefaang sech ze
froen: „Wien ass dat doten, datt hien esouguer Sënnen
noléisst?" [50] An de Jesus sot zu der Fra: „Däi Glawen
huet dech gerett. Géi a Fridden!"

---

[a] Ex 23,20; Mal 3,1.

8 [1] Duerno ass de Jesus vu Stad zu Stad a vun
Duerf zu Duerf gezunn; hien huet gepriedegt an déi
gutt Noriicht vum Herrgott sengem Räich ver-
kënnegt. Déi Zwielef ware bei him, [2] grad ewéi en
etlech Fraen, déi vu béise Geeschter a vu Krankheete
geheelt gi waren, d'Maria, déi Magdalena genannt
gouf an aus där siwen Dämonen erausgefuer waren,
[3] d'Johanna, dem Chuzas, engem Verwalter vum
Herodes, seng Fra, d'Susanna an nach vill anerer, déi
hinne gedéngt hu mat deem, wat si haten.

[4] Wéi awer eng Onmass Leit beienee waren an
der aus all Stad bei hie komm sinn, huet hien si mat
engem Gläichnes beléiert: [5] „E Mann ass erausgaang
fir ze séien. Iwwerdeems hie geséit huet, ass en Deel
vum Som op de Wee gefall a gouf zertréppelt, an
d'Vigel vum Himmel hunn en opgepickt. [6] En ane-
ren Deel ass op de Fiels gefall, a wéi e gekeimt huet,
ass e verdréchent, well et net fiicht genuch war.
[7] Nees en aneren Deel ass matzen an d'Däre gefall, a
wéi se matenee gekeimt hunn, hunn d'Dären en er-

stéckt. [8] En aneren Deel schlüsslech ass op dee gudde Buedem gefall, a wéi e gekeimt huet, huet en 100-fach Fruucht bruecht." Nodeems de Jesus dat gesot hat, huet hie geruff: „Wien Oueren huet fir ze lauschteren, dee soll lauschteren!"

[9] Seng Jünger awer hunn hie gefrot, wat dëst Gläichnes bedeite géif. [10] Hie sot: „Iech ass et ginn, d'Geheimnisser vum Herrgott sengem Räich ze kennen, deenen aneren awer [nëmmen] duerch Gläichnesser, fir datt si gesinn, ouni ze gesinn, an héieren, ouni ze verstoen.

[11] Dat Gläichnes hei bedeit: De Som ass dem Herrgott säi Wuert. [12] Déi um Wee sinn déi, déi héieren hunn, ma da kënnt den Däiwel an hëlt d'Wuert aus hirem Häerz eraus, fir datt si net gleeweg ginn an dofir och net gerett ginn. [13] Déi um Fiels sinn déi, déi, wann si d'Wuert héieren, et voll Freed unhuelen, ma si hu keng Wuerzelen. Eng Zäit laang gleewen si, ma an Zäiten, wou si op d'Prouf gestallt ginn, falen si of. [14] De Som, deen an d'Däre gefall ass, dat sinn déi, déi héieren hunn, ma déi ënnerwee vun de Suergen, dem Räichtum an de Freede vum Liewen erstéckt ginn an dofir net ausräife kënnen. [15] Deen am gudde Buedem sinn déi, déi d'Wuert mat engem gudden an opriichtegen Häerz héieren hunn, et festhalen a mat Ausdauer Fruucht bréngen.

[16] Et fänkt keen eng Luucht un an deckt se da mat eppes zou oder stellt se ënner d'Bett, ma et stellt

een se op de Liichter, fir datt déi, déi erakommen, d'Liicht gesinn. [17] Et ass nämlech näischt verbuergen, wat net eng Kéier ëffentlech gemaach géif ginn, an et ass näischt verstoppt, wat ni bekannt gemaach géif ginn an an d'Ëffentlechkeet kéim. [18] Dot also uecht, wéi dir lauschtert: Well wien huet, kritt nach derbäi, a wien näischt huet, kritt och nach dat ewechgeholl, wat hie mengt ze hunn."

[19] Dem Jesus seng Mamm ass mat senge Bridder bei hie komm, ma wéinst deene ville Leit konnten si net bis bei hien duerchkommen. [20] 't gouf him gesot: „Deng Mamm an deng Bridder stinn dobaussen a wëllen dech gesinn." [21] Doropper huet de Jesus de Leit geäntwert: „Meng Mamm a meng Bridder, dat sinn déijéineg, déi dem Herrgott säi Wuert héieren an sech dono riichten."

[22] Enges Daags ass hie mat senge Jünger an en Naache geklomm. Hie sot zu hinnen: „Loosse mer op déi aner Säit vum Séi fueren." An si sinn erausgefuer. [23] Iwwerdeems si do gefuer sinn, ass de Jesus entschlof. Du koum e Stuerm op de Séi erof. Hiren Naachen huet sech mat Waasser gefëllt, an si sinn a Gefor geroden. [24] Du sinn si bei de Jesus gaang, hunn hie waakreg geréselt a soten: „Meeschter, Meeschter, mir ginn zugronn!" Wéi de Jesus waakreg war, huet hien dem Wand an de Welle gedreet. Dunn hunn d'Wellen sech geluecht, an et ass ganz roueg ginn. [25] De Jesus sot zu senge Jünger: „Wou ass äre Glaf?" Voller Angscht a Verwonnerung soten si een

zum aneren: „Wien ass deen do, datt hien dem Wand an dem Waasser en Uerder gëtt, an se follegen him?"

26 Du sinn si an d'Gebitt vun de Geraseener gefuer, dat déi aner Säit vu Galiläa läit. 27 Wéi de Jesus aus dem Naachen erausgeklomm an u Land gaang war, ass him e Mann aus der Stad entgéintkomm, dee vun Dämone besiess war. Dësen hat schonn zënter laangem kee Gezei méi un an huet net méi an engem Haus gewunnt, ma an de Griewer. 28 Wéi hien elo de Jesus gesinn huet, huet hie Kreesch gedoen. Hien ass virum Jesus op d'Knéie gefall an huet haart geruff: „Wat hunn ech mat dir ze doen, Jesus, Jong vum héchste Gott? Ech bieden dech: Péngeg mech net!" 29 De Jesus hat nämlech deem onrenge Geescht den Uerder ginn, aus dësem Mënsch erauszefueren. Schonn dacks hat deen onrenge Geescht de Mann gepaakt gehat. Hie gouf da mat Ketten a Foussfesselen ugestréckt a bewaacht, ma hien huet all Kéier d'Fessele futti gerappt a gouf da vum Dämon an d'Wüüst gedriwwen. 30 De Jesus huet hie gefrot: „Wéi ass däin Numm?" Hien huet geäntwert: „Legioun", well et ware vill Dämonen an hie gefuer. 31 Si hunn de Jesus gebieden, hinnen net den Uerder ze ginn, sech an den Ofgronn ze stierzen.

32 Do war grad e groussen Trapp Schwäin op enger Weed um Bierg. D'Dämonen hunn hien du gebieden, hinnen z'erlaben, an d'Schwäin ze fueren. An de Jesus huet hinnen et erlaabt. 33 D'Dämone sinn aus dem Mënsch eraus an d'Schwäi gefuer, an

den Trapp huet sech vum Fiels erof an de Séi gestierzt an ass ersoff. [34] Wéi d'Hierde gesinn hunn, wat geschitt war, sinn si fortgelaf an hunn et an der Stad an an den Dierfer erzielt. [35] Du sinn d'Leit erausgaang fir ze gesinn, wat geschitt war. Si si bei de Jesus gaang an hunn hie fonnt, wéi hie bei deem Mann souz, aus deem d'Dämonen erausgefuer waren. Dee souz ugedoen a bei klorem Verstand dem Jesus zu Féiss. An d'Leit hunn et mat der Angscht ze doe kritt. [36] Déi, déi alles gesinn haten, hunn hinnen dunn erzielt, wéi dee vun engem Dämon Besiessene gerett gi war. [37] An all d'Leit aus der Ëmgéigend vun de Geraseener hunn hie gefrot, vun hinne fortze-goen, well eng grouss Angscht si gepaakt hat; de Jesus awer ass an en Naache geklomm an ass hanneschtgefuer.

[38] Ma de Mann, aus deem d'Dämonen erausge-fuer waren, huet hie gebieden, fir kënne bei him ze bleiwen. De Jesus huet hien awer fortgeschéckt a sot: [39] „Géi hannescht an däin Haus an erziel dat, wat den Herrgott fir dech gemaach huet!" An de Mann ass fortgaang an huet an der ganzer Stad verkënnegt, wat de Jesus fir hie gemaach hat.

[40] Wéi de Jesus hanneschtgefuer ass, hu vill Leit hien emfaang; si haten nämlech all op hie gewaart. [41] Du koum e Mann, deem säin Numm Jaïrus war an deen de Verantwortleche vun der Synagog war. Hien ass dem Jesus zu Féiss gefall an huet hie gebieden, an säin Haus ze kommen, [42] well seng eenzeg Duechter,

e Meedche vun ongeféier zwielef Joer, um Stierwe louch.

Wéi de Jesus dohi gaang ass, hu vill Leit sech ëm hie gedréckt. [43] Do war och eng Fra, déi zënter zwielef Joer Bluddungen hat. Si hat hire ganze Liewesënnerhalt fir Dokteren opgebraucht, a kee war mächteg gewiescht, si ze heelen. [44] Si ass vun hannen erbäikomm an huet de Sam vun sengem Mantel ugepaakt, an direkt hunn hir Bluddungen opgehal. [45] De Jesus huet gefrot: „Wien huet mech ugepaakt?" Wéi si et all ofgestridden hunn, sot de Péitrus: „Meeschter, et sinn dach esou vill Leit, déi dir zousetzen an sech ëm dech drécken!" [46] Ma de Jesus sot: „Et huet ee mech ugepaakt! Ech hunn nämlech gemierkt, datt eng Kraaft vu mir ausgaang ass." [47] Wéi d'Fra du gesinn huet, datt si et net verheemleche konnt, ass si dohi getratt. Si huet geziddert an ass virum Jesus op d'Knéie gefall. Dunn huet si virun deem ganze Vollek erzielt, firwat si de Jesus ugepaakt hat a wéi si direkt geheelt gouf. [48] De Jesus sot zu hir: „Meng Duechter, däi Glaf huet dech gerett: Géi a Fridden!"

[49] Iwwerdeems hien nach geschwat huet, ass ee vun dem Verantwortleche vun der Synagog senge Leit komm a sot: „Deng Duechter ass dout – plo de Meeschter net méi!" [50] De Jesus awer, deen dat héieren huet, huet him geäntwert: „Fäert net, gleef nëmmen, an hatt gëtt gerett!" [51] Wéi de Jesus bei d'Haus komm ass, huet hie kee mat eragoe geloss wéi nëmme just de Péitrus, de Johannes, de Jakobus

an dem Kand säi Papp an seng Mamm. [52] Si hunn alleguerte gekrasch an sech wéinst dem Kand un d'Broscht geschloen. Hien awer sot: „Kräischt net! D'Kand ass net dout, et schléift nëmmen!" [53] Dunn hunn si hien ausgelaacht, well si woussten, datt et dout war. [54] Iwwerdeems de Jesus dem Meedchen seng Hand geholl huet, huet hie geruff: „Kand, gëff waakreg!" [55] Dunn ass säi Liewesotem erëmkomm, an hatt ass direkt opgestan. De Jesus huet hinnen den Uerder ginn, si sollten dem Meedchen eppes z'iesse ginn. [56] Seng Eltere waren ausser sech. Hien awer huet hinnen un d'Häerz geluecht, kengem eppes vun deem, wat geschitt war, ze soen.

9 [1] De Jesus huet déi Zwielef zesummegeruff an hinne Kraaft a Muecht iwwer all d'Dämone ginn a fir Krankheeten ze heelen. [2] Dunn huet hien si erausgeschéckt, fir dem Herrgott säi Räich ze verkënnegen an [déi Krank] gesond ze maachen. [3] Hie sot zu hinnen: „Huelt näischt mat fir ënnerwee, kee Staf, kee Kuuschtesak, kee Brout, keng Sëlwermënz, an dir sollt och keng zwee Hiemer hunn! [4] Wann dir an en Haus eragitt, da bleift do, bis dir nees vun do fortgitt. [5] A wann si iech net ophuelen, da gitt fort aus där Stad, an als Zeegnes géint si sollt dir de Stëbs vun äre Féiss erofrëselen." [6] Si si vun do fortgaang a vun Duerf zu Duerf gezunn, wou si iwwerall déi

Gutt Noriicht verkënnegt an [déi Krank] geheelt hunn.

[7] Den Tetrarch Herodes huet héieren, wat alles geschitt ass. Hie wousst net, wat hien dovunner hale sollt, well déi eng soten, de Johannes wär vun den Doudegen operstan, [8] an déi aner, den Elias wär erschéngen; nach anerer awer soten, ee vun deenen ale Prophéite wär operstan. [9] Du sot den Herodes: „De Johannes hunn ech selwer käppe gelooss. Wien also ass deen doten, iwwer deen ech dat alles héieren?" An hien huet gesicht, de Jesus ze gesinn.

[10] Wéi d'Apostelen erëmkomm sinn, hunn si dem Jesus erzielt, wat si gemaach haten. Dunn huet hien si matgeholl an sech zréckgezunn an eng Stad, déi Bethsaida heescht, wou si ënner sech waren. [11] Wéi d'Leit et gewuer goufen, sinn si him nogaang. De Jesus huet sech hirer ugeholl, hien huet hinne vum Herrgott sengem Räich geschwat an huet déi gesond gemaach, déi eng Heelung néideg haten.

[12] Wéi den Dag esou lues op en Enn gaang ass, sinn déi Zwielef dohi komm a soten zu him: „Schéck dach déi vill Leit fort, fir datt si an d'Dierfer an d'Häff ronderëm ginn, do akéieren an eppes z'iesse fannen, well hei si mir op enger ofgeleeëner Plaz!" [13] Hien awer sot zu hinnen: „Gitt dir hinnen z'iessen!" Ma si soten: „Mir hunn net méi wéi fënnef Brout an zwéi Fësch, et sief dann, mir géingen hin a géife fir dëst ganzt Vollek eppes z'iesse kafen." [14] Et waren nämlech ongeféier 5.000 Mann. De Jesus sot

zu senge Jünger: „Dot si sech a Gruppe vun onge-
féier hirer 50 niddersëtzen!" [15] Dat hunn si och ge-
maach, an si hunn se all gedoen sech niddersëtzen.
[16] De Jesus huet déi fënnef Brout an déi zwéi Fësch
geholl, huet an den Himmel opgekuckt an huet se
geseent. Dunn huet hien se gebrach an de Jünger se
ginn, fir se un d'Leit auszedeelen. [17] Si hu giess a
goufen all gesiedegt. Déi Stécker, déi si rescht haten,
sinn opgeraaft ginn – zwielef Kierf voll.

[18] Duerno ass dat hei geschitt: Wéi de Jesus am-
gaang war, eleng ze bieden, hunn d'Jünger sech ëm
hie versammelt, an hien huet si gefrot: „Fir wien
halen d'Leit mech?" [19] Si hu geäntwert: „Déi eng fir
de Johannes den Deefer, anerer fir den Elias, nees
anerer fir ee vun deenen ale Prophéiten, deen oper-
stane wär." [20] Dunn huet hien si gefrot: „An dir, fir
wien haalt dir mech?" De Péitrus huet geäntwert:
„Fir dem Herrgott säi Christus!" [21] Hien awer huet
hinne gedreet an huet hinnen un d'Häerz geluecht,
kengem et ze soen. [22] An hien ass virugefuer: „De
Mënschejong muss villes erleiden, hie gëtt vun
deenen Eelsten, den Hohepriister an de Schrëftge-
léierte verstouss, hie gëtt doutgemaach, an den
drëtten Dag gëtt hien aus dem Doud erwächt."

[23] Zu hinnen all sot hien: „Wann ee mir no-
komme wëllt, da soll deen sech selwer verleegnen,
hie soll all Dag op en Neis säi Kräiz op sech huelen a
mir nokommen! [24] Well deen, deen säi Liewe rette
wëllt, dee verléiert et; wien awer wéinst menger säi

Liewe verléiert, dee rett et. [25] Wat déngt et e Mënsch, datt hien d'ganz Welt gewonn huet, awer sech selwer verluer oder geschuet huet? [26] Well wien sech wéinst menger a wéinst menge Wierder schummt, deem senger schummt sech dann och de Mënschejong, wann hien an senger, an sengem Papp senger an an den hellegen Engelen hirer Herrlechkeet kënnt. [27] Wierklech, ech soen iech: E puer vun deenen, déi hei stinn, stierwe sécher net, éier si dem Herrgott säi Räich gesinn."

[28] Ongeféier aacht Deeg nodeems de Jesus dës Wierder gesot hat, ass dat hei geschitt: Hien huet de Péitrus, de Johannes an de Jakobus matgeholl an ass op e Bierg eropgaang fir ze bieden. [29] Iwwerdeems hie gebiet huet, huet säi Gesiicht sech verännert, an seng Kleeder goufe schnéiwäiss. [30] An op eemol hunn zwéi Männer sech mat him ënnerhal. Et waren de Moses an den Elias, [31] déi an Herrlechkeet er- schénge sinn an iwwer dem Jesus säi leschte Wee geschwat hunn, deen sech zu Jerusalem erfëlle sollt. [32] Dem Péitrus an deenen, déi bei him waren, waren d'Ae vu Middegkeet zougefall. Wéi si waakreg gi sinn, hunn si dem Jesus seng Herrlechkeet gesinn an déi zwéi Männer, déi bei him stoungen. [33] Wéi dës vun him fortgaang sinn, sot de Péitrus zum Jesus: „Meeschter, et ass gutt, datt mir hei sinn; loosse mer dräi Zelter opriichten, eent fir dech, eent fir de Moses an eent fir den Elias." Hie wousst awer net, wat hie gesot huet. [34] Iwwerdeems hie geschwat huet,

koum eng Wollek an huet hire Schiet op si gehäit. Wéi si an d'Wollek erakomm sinn, hunn si et mat der Angscht ze doe kritt. [35] An eng Stëmm koum aus der Wollek a sot: „Dat hei ass mäi Jong, deen Auserwielten; op hie sollt dir lauschteren!" [36] Nodeems d'Stëmm verklong war, war nëmmen nach de Jesus do. Déi dräi Jünger hu kee Wuert gesot, an si hunn an deenen Deeg kengem eppes vun deem erzielt, wat si gesinn haten.

[37] Deen Dag drop, wéi si vun deem Bierg erofgaang sinn, sinn eng Hällewull Leit dem Jesus entgéintkomm. [38] E Mann aus där Mënschewull huet geruff: „Meeschter, ech bieden dech, kuck no mengem Jong, deem eenzegen, deen ech hunn! [39] E Geescht paakt hien, an da jäizt de Jong op eemol. Hien huet Schaum [virum Mond], an de Geescht rappt hien hin an hier an hält net op, hien ze péngegen. [40] Ech hunn deng Jünger gebieden, de Geescht auszedreiwen, ma si konnten et net." [41] De Jesus sot: „O du ongleeweg a verduerwe Generatioun! Wéi laang muss ech nach bei iech sinn an iech erdroen? Bréng däi Jong heihinner!" [42] Iwwerdeems de Jong dohinner koum, huet den Dämon hien op de Buedem gehäit an hin an hier gerappt. De Jesus awer huet deem onrenge Geescht gedreet. Hien huet de Jong geheelt an sengem Papp en hannescht ginn. [43] D'Leit waren alleguer ausser sech iwwer dem Herrgott seng Gréisst. Wéi si all verwonnert ware wéinst deem, wat de Jesus alles gemaach hat, sot hien zu senge Jünger:

[44] „Spëtzt är Oueren a lauschtert, wat ech soen: De Mënschejong gëtt an d'Hänn vu Mënschen ausgeliwwert." [45] Si awer hunn dës Wierder net verstan, well de Sënn vun deene Wierder virun hinne verbuerge gi war, esou datt si se net begräife konnten. An dach hunn si gefaart, fir hien derno ze froen.

[46] Du koum eng Diskussioun ënner hinnen op, wie vun hinnen dee Gréisste wär. [47] De Jesus awer wousst, wat si an hirem Häerz geduecht hunn. Dofir huet hien e Kand geholl an et niewent sech gestallt. [48] Hie sot zu hinnen: „Wien dëst Kand a mengem Numm ophëlt, deen hëlt mech op, a wie mech ophëlt, deen hëlt deen op, dee mech geschéckt huet. Wien nämlech dee Klengsten ass vun iech all, deen ass dee Gréissten."

[49] De Johannes huet him geäntwert: „Meeschter, mir hunn ee gesinn, deen amgaang war, Dämonen an dengem Numm auszedreiwen, a mir wollten hien dorun hënneren, well hien eiser keen ass." [50] De Jesus sot zu him: „Hënnert hien net drun! Wien nämlech net géint iech ass, deen ass fir iech."

[51] Duerno ass dat hei geschitt: Wéi et un der Zäit war, datt hien an den Himmel opgeholl gi sollt, huet de Jesus sech op de Wee fir op Jerusalem gemaach. [52] Hien huet Buete virun sech hier geschéckt, an dës hunn sech op de Wee gemaach a sinn an en Duerf vun de Samariter gaang, fir alles prett ze maachen, fir wann hie kéim. [53] Ma d'Samariter hunn hien net

opgeholl, well hien um Wee fir op Jerusalem war.
[54] Wéi d'Jünger Jakobus a Johannes dat gesinn hunn,
soten si: „Här, solle mir den Uerder ginn, datt *Feier
vum Himmel erofkënnt an si opfrësst* [a]?" [55] De Jesus awer
huet sech ëmgedréit an huet hinne Virwërf gemaach.
[56] Du sinn si an en anert Duerf gaang.

[57] Wéi si ënnerwee waren, sot een zu him: „Ech
wëll dir nokommen, egal wuer s du higees." [58] Du
sot de Jesus zu him: „D'Fiiss hunn Hillechten, an
d'Vigel vum Himmel hunn Näschter. De Mënsche-
jong awer huet keng Plaz, wuer hien säi Kapp hileeë
kann." [59] Zu engem aneren awer sot hien: „Komm
mir no!" Ma dee sot: „Här, erlab mir, fortzegoen a fir
d'éischt mäi Papp ze begruewen!" [60] Du sot de Jesus
zu him: „Looss déi Doudeg hir Doudeg begruewen!
Du awer géi hin a verkënneg dem Herrgott säi
Räich!" [61] Nees en anere sot zu him: „Ech wëll dir
nokommen, Här, ma erlab mir, datt ech fir d'éischt
deenen doheem äddi soen!" [62] Du sot de Jesus zu
him: „Keen, deen d'Hand un de Plou geluecht huet
an hannerun sech kuckt, entdaacht eppes fir dem
Herrgott säi Räich."

---

[a] 2 Kin 1,10.12.

10

[1] Duerno huet den Här 72 anerer bestëmmt an
si zu zwéin an zwéin an all Stad an an all Uertschaft
virgeschéckt, an déi hie selwer goe wollt. [2] Hie sot zu

hinnen: „D'Rekolt ass zwar grouss, ma d'Aarbechter sinn net zu dacks. Biet duerfir den Här vun der Rekolt, Aarbechter an seng Rekolt erauszeschécken! [3] Gitt! Kuckt, ech schécken iech wéi Schof ënner d'Wëllef. [4] Huelt kee Geldbeidel mat, kee Kuuschtesak, keng Sandalen, a gréisst keen ënnerwee! [5] Wann dir an en Haus eragitt, da sot fir d'éischt: ‚Fridde sief mat dësem Haus!' [6] Wann do e Mënsch wunnt, deen op ass fir de Fridden, da rout äre Fridden op him; wann awer net, da kënnt en op iech zréck. [7] Bleift an deem Haus an iesst an drénkt dat, wat d'Leit iech ginn! Den Aarbechter huet nämlech säi Loun zegutt. Laaft net vun engem Haus an dat anert! [8] Wann dir an eng Stad eragitt an do opgeholl gitt, dann iesst dat, wat iech virgesat gëtt, [9] an heelt déi Krank, déi do sinn, a sot hinnen: ‚Dem Herrgott säi Räich ass bei iech schonn um Kommen.' [10] Wann dir awer an eng Stad eragaang sidd an net do opgeholl gi sidd, da gitt eraus op d'Strooss a sot: [11] ‚Esouguer de Stëbs vun ärer Stad, deen un eise Féiss pecht, rësele mir iech erof. Dat hei awer sollt dir wëssen: Dem Herrgott säi Räich ass um Kommen!' [12] Ech soen iech: Sodom ergeet et deen Dag méi gelënd wéi där Stad do.

[13] Gare denger, Chorazin! Gare denger, Bethsaida! Wann nämlech déi Wierker, déi bei iech geschitt sinn, zu Tyrus an zu Sidon geschitt wären, da séizen déi scho laang a Sak an Äschen do an hätten ëmgeduecht! [14] Ma Tyrus a Sidon ergeet et um Dag vum

Geriicht méi gelënd ewéi iech! [15] An du, Kaphar-naum, *gëss du éire bis an den Himmel eropgehuewen? Neen, bis an d'Doudewelt gëss du erofgehäit!*[a]

[16] Wien op iech lauschtert, dee lauschtert op mech, a wien sech géint iech stellt, dee stellt sech géint mech. Wien sech awer géint mech stellt, dee stellt sech géint deen, dee mech geschéckt huet."

[17] Déi 72 si voll Freed erëmkomm a soten: „Här, wa mir däin Numm soen, da sinn esouguer d'Dämonen äis ënnerdon." [18] De Jesus awer sot zu hinnen: „Ech hu gesinn, wéi de Satan wéi e Blëtz vum Himmel gefall ass. [19] Kuckt, ech hunn iech d'Muecht ginn, Schlaangen a Skorpiounen an dem Feind seng ganz Kraaft mat Féiss ze trieden, an et gëtt glat a guer näischt, wat iech schuede kéint. [20] Dir sollt iech awer net doriwwer freeën, datt d'Geeschter iech ënnerdo sinn, ma freet iech driwwer, datt är Nimm am Himmel ageschriwwe sinn!"

[21] An där Stonn huet de Jesus am hellege Geescht jubiléiert a gesot: „Ech luewen dech, Papp, Här vum Himmel a vun der Äerd, well s du dat hei virun deene Verstännegen a Gescheite verbuerge gehal an et deene Klenge bekannt gemaach hues. Jo, Papp, esou huet et dir gefall. [22] Ech krut vu mengem Papp alles uvertraut. Et kennt keen de Jong, ausser dem Papp, an et kennt keen de Papp, ausser dem Jong an deem, deem de Jong et bekannt maache wëllt."

[23] An hien huet sech zu de Jünger gedréit a sot zu hinnen eleng: „Glécklech sinn déi Aen, déi gesinn,

wat dir gesitt. ²⁴ Well ech soen iech: Vill Prophéiten a Kinneke wollten dat gesinn, wat dir gesitt, ma si hunn et net gesinn, an si wollten dat héieren, wat dir héiert, ma si hunn et net héieren.“

²⁵ Dunn ass een, deen sech am Gesetz auskannt huet, opgestan. Hie wollt de Jesus op d'Prouf stellen a sot: „Meeschter, wat muss ech maachen, fir um éiwege Liewen deelzehunn?“ ²⁶ De Jesus sot zu him: „Wat steet am Gesetz geschriwwen? Wéi lies du do?“ ²⁷ De Mann huet geäntwert: *„Du solls den Här däi Gott gär hu mat dengem ganzen Häerz a mat denger ganzer Séil, mat denger ganzer Kraaft a mat dengem ganzen Denken*ᵇ, an *du solls däin Nächste gär hu wéi dech selwer*ᶜ.“ ²⁸ De Jesus sot zu him: „Du hues gutt geäntwert; maach dat, da kriss du d'Liewen.“ ²⁹ De Mann awer wollt sech rechtfertegen a sot zum Jesus: „Wien ass da mäin Nächsten?“

³⁰ Dueropshi sot de Jesus: „E Mann ass vu Jerusalem erof op Jericho gaang, an hien ass Raiber an d'Gräpp gefall. Déi hunn hien ausgedoen an hunn hien zerschloen; du sinn si fortgaang an hunn hien hallef dout leie geloss. ³¹ Zoufälleg ass e Prüster dee Wee erofkomm. Wéi hien de Mann gesinn huet, huet hien e Bou gemaach an ass laanschtgaang. ³² D'selwecht war et och mat engem Levit: Wéi hien op déi Plaz komm ass an de Mann gesinn huet, huet hien e Bou gemaach an ass laanschtgaang. ³³ E Samariter awer, deen och ënnerwee war, ass bis bei de Mann komm, a wéi hien dëse gesinn huet, huet et him am

Häerz wéigedoen. [34] Hien ass bei de Mann gaang, huet Ueleg a Wäin op seng Wonne geschott an huet se verbonnen. Dunn huet hien de Mann op säin eegent Reitdéier gehuewen, hien an e Wiertshaus gefouert a fir hie gesuergt. [35] Deen Dag drop huet hien zwou Sëlwermënzen erausgeholl, dem Wiert se ginn a gesot: ,Suerg du elo fir hien! Dat, wat s du méi u Sue brauchs, ginn ech dir erëm, wann ech zréckkommen.' [36] Wie vun dësen dräi ass dann elo denger Meenung no deen Nächste gi vun deem, deen ënner d'Raiber gefall war?" [37] Deen, deen sech am Gesetz auskannt huet, sot: „Deejéinegen, deen him géintiwwer baarmhäerzeg war." Du sot de Jesus zu him: „Da géi, a maach du et gradesou!"

[38] Wéi si virugaang sinn, ass de Jesus an en Duerf komm. Eng Fra, déi Martha gheescht huet, huet hie bei sech opgeholl. [39] Si hat eng Schwëster, déi Maria gheescht huet. D'Maria huet sech bei dem Här seng Féiss gesat an huet him[d] nogelauschtert. [40] D'Martha awer war ganz mat e sëllegen Déngschter beschäftegt. Si ass dunn dohigetratt a sot: „Här, stéiert et dech net, datt meng Schwëster mech eleng geloos huet, fir den Déngscht ze maachen? So hir dach, si soll mir eng Hand upaken!" [41] Den Här awer huet hir geäntwert: „Martha, Martha, du méchs dir vill Suergen an du gëss dir vill Méi, [42] ma nëmmen eng Saach ass néideg: D'Maria huet nun emol dee gudden Deel gewielt; dee gëtt hir net ewechgeholl."

ᵃ Is 14,13.15.
ᵇ Dtn 6,5; Jos 22,5 LXX.
ᶜ Lev 19,18.
ᵈ Wuertwiertlech: sengem Wuert.

11

¹ Dunn ass dat hei geschitt: De Jesus war anzwousch amgaang ze bieden, a wéi hien dermat fäerdeg war, sot ee vun senge Jünger zu him: „Här, léier äis bieden, esou wéi och de Johannes seng Jünger biede geléiert huet!" ² Du sot hien zu hinnen: „Wann dir biet, da sot:

Papp,
däin Numm sief gehellegt;
däi Räich soll kommen;
³ gëff äis Dag fir Dag dat Brout, dat mir
brauchen;
⁴ looss äis eis Sënnen no,
well och mir selwer loosse jidderengem dat no,
wat hien äis schëlleg ass;
a féier äis net a Versuchung!ᵃ"

⁵ An hie sot zu hinnen: „Huelt emol un, ee vun iech hätt e Frënd an hie géif matzen an der Nuecht bei dee goen an zu him soen: ‚Frënd, léin mir dräi Brout, ⁶ well ee vu menge Frënn ass vun enger Rees bei mech komm, an ech hunn näischt, wat ech him virsetze kéint!', ⁷ an deejéinege géif da vu bannen äntweren: ‚Plo mech net! D'Dier ass schonn zouge-

spaart, a meng Kanner an ech, mir leien am Bett. Ech kann net opstoen, fir dir eppes ze ginn.' – 8 Ech soen iech: Wann deejéinegen och net opsteet, fir him eppes ze ginn, well et säi Frënd ass, dann hieft hien sech awer wéinst deem aneren senger Onverschimt- heet a gëtt him esou vill, wéi hie brauch.

9 Duerfir soen ech iech: Frot, da gëtt iech ginn; sicht, da fannt dir; klappt, da gëtt iech opgemaach! 10 Well wie freet, dee kritt, a wie sicht, dee fënnt, a wie klappt, dee kritt opgemaach. 11 Wie vun iech géif als Papp, dee vun sengem Jong e Fësch gefrot krit, him amplaz vum Fësch eng Schlaang ginn? 12 A wie géif him, wann hien en Ee gefrot krit, e Skorpioun ginn? 13 Wann also dir, déi dir béis sidd, amstand sidd, äre Kanner gutt Saachen ze ginn, wéivill méi gëtt de Papp am Himmel deenen hellege Geescht, déi hien drëm froen!"

14 De Jesus huet en Dämon ausgedriwwen, dee stomm war. Wéi dunn den Dämon erausgefuer war, konnt dee Stomme schwätzen, an d'Leit hunn sech gewonnert. 15 E puer vun hinnen awer hu gesot: „Duerch de Beelzebul, deen Ieweschte vun den Dä- monen, dreift hien d'Dämonen aus." 16 Anerer hunn hien op d'Prouf gestallt an hu vun him en Zeeche vum Himmel gefrot. 17 Ma well de Jesus hir Gedanke kannt huet, sot hien zu hinnen: „All Räich, dat an sech oneens ass, gëtt dem Äerdbuedem gläichge- maach, an een Haus nom anere fält an e Koup. 18 A wann de Satan an sech oneens ass, wéi soll da säi

Räich bestoe bleiwen? Well dir sot jo, ech géif duerch de Beelzebul d'Dämonen ausdreiwen. [19] Wann ech also duerch de Beelzebul d'Dämonen ausdreiwen, duerch wien dreiwen dann är Leit se aus? Duerfir ginn si dann är Riichter. [20] Wann ech awer duerch dem Herrgott säi Fanger d'Dämonen ausdreiwen, dann ass dem Herrgott säi Räich scho bei iech komm. [21] Soulaang e Staarke säin Haff mat Waffe bewaacht, sinn seng Gidder a Sécherheet.[b] [22] Kënnt awer een, dee méi staark ass ewéi hien a gëtt hie Meeschter, dann hëlt deen him seng Rüstung of, op déi hie vertraut huet, a verdeelt alles, wat hie gehol huet. [23] Wien net mat mir ass, deen ass géint mech, a wien net mat mir sammelt, dee jeet auserneen.

[24] Wann en onrenge Geescht aus engem Mënsch erausgefuer ass, dann zitt hien duerch dier Géigenden a sicht eng Plaz fir ze raschten, ma hie fënnt keng. [Da] seet hien: ‚Ech ginn hannescht a mäin Haus, aus deem ech fortgaang war.‘ [25] Do ukomm, fënnt hien et propper gebotzt a schéin an d'Rei gemaach. [26] Da geet hien hin an hëlt siwen aner Geeschter mat, déi nach méi béis si wéi hie selwer, an si ginn eran a wunnen do. An dann ass dee Mënsch um Enn nach méi schlëmm dru wéi um Ufank.“

[27] Iwwerdeems de Jesus dëst sot, huet matzen ënner deene ville Leit eng Fra him zougeruff: „Gléck-lech de Schoss, deen dech gedroen, an d'Broscht, déi dech geniert huet!“ [28] Hien awer huet geäntwert:

„Glécklech si villméi déi, déi dem Herrgott säi Wuert héieren an sech dorun halen!"

²⁹ Wéi dunn ëmmer méi Leit beieneekomm sinn, huet de Jesus ugefaang ze soen: „Dës Generatioun ass eng béis Generatioun, well si fuerdert en Zeechen. Ma en Zeeche gëtt hir net ginn, 't sief dann d'Zeeche vum Jonas. ³⁰ Wéi de Jonas en Zeeche fir d'Awunner vun Ninive war, esou ass och de Mënschejong en Zeeche fir dës Generatioun. ³¹ An d'Kinnigin vum Süde steet da beim Geriicht op géint d'Männer vun dëser Generatioun, an si veruerteelt se, well si vum Enn vun der Welt hierkomm ass, fir dem Salomon seng Weisheet ze héieren – a kuck, hei ass een, dee méi ass wéi de Salomon! ³² D'Männer vun Ninive stellen sech da beim Geriicht géint dës Generatioun, an si veruerteelen se: Si hunn nämlech op dem Jonas seng Verkënnegung hin ëmgeduecht – a kuck, hei ass een, dee méi ass wéi de Jonas!

³³ Et fänkt keen eng Luucht un a stellt se an eng Stopp [oder ënner e Sieschter], ma [et stellt een se] op de Liichter, fir datt déi, déi erakommen, d'Liicht gesinn.

³⁴ Däin A ass de Spigel vum Kierper.ᶜ Wann däin A kloer ass, dann ass däi ganze Kierper hell; wann et awer béis ass, dann ass däi ganze Kierper däischter. ³⁵ Pass also op, datt d'Liicht an dir keng Däischtert ass. ³⁶ Wann also däi ganze Kierper hell ass an näischt Däischteres un em ass, da liicht e ganz hell,ᵈ

wéi wann de Stral vun engem Blëtz[e] op dech liichte géif.‟

[37] Iwwerdeems hien nach geschwat huet, huet e Pharisäer hie gefrot, bei him z'iessen. De Jesus ass eragaang an huet sech bei den Dësch gesat. [38] De Pharisäer awer huet sech gewonnert, wéi hie gesinn huet, datt de Jesus sech virum Iessen net fir d'éischt gewäsch huet. [39] Dunn huet den Här zu him gesot: „Zwar botzt dir Pharisäer d'Becheren an d'Schossele vu baussen, bannendran awer sidd dir voll vun deem, wat dir un iech gerappt hutt, a voller Nidderträchtegkeet. [40] Dir Eefalten, huet net deen, deen dat Baussenzegt gemaach huet, och dat Bannenzegt gemaach? [41] Gitt villméi dat, wat dran ass, als Almosen, a kuckt – dann ass alles reng fir iech.

[42] Ma gare ärer, dir Pharisäer, dir bezuelt den Zéngte vu Peffermënz, vu Raut a vun all Zort Geméis, an d'Léift vum Herrgott loosst dir op der Säit. Dat eent muss ee maachen, an dat anert net ënnerloossen.

[43] Gare ärer, dir Pharisäer, dir sidd frou mat der éischter Plaz an de Synagogen an dir gitt gär op de Maartplaze gegréisst.

[44] Gare ärer, dir sidd ewéi Griewer, déi net méi z'erkenne sinn an iwwer déi d'Leit ginn, ouni et ze wëssen.‟

[45] Dunn huet ee vun deenen, déi sech am Gesetz auskannt hunn, him geäntwert: „Meeschter, wann s du esou schwätz, da beleidegs du och äis.‟

⁴⁶ Du sot de Jesus: „Gare och ärer, déi dir iech am Gesetz auskennt, well dir leet de Leit Laaschten op, déi schwéier ze droe sinn, dir selwer awer beréiert déi Laaschte mol net mat engem Fanger.

⁴⁷ Gare ärer, dir riicht d'Griewer vun de Prophéiten op, an är Pappen hunn si doutgemaach. ⁴⁸ Esou sidd dir Zeien an haalt d'Wierker vun äre Pappe fir gutt, well si hunn d'Prophéiten zwar doutgemaach, dir awer riicht [hir Griewer] op. ⁴⁹ Dofir huet och dem Herrgott seng Weisheet gesot: ‚Ech schécken hinne Prophéiten an Apostelen, an si maachen der en etlech vun hinnen dout a verfollegen si, ⁵⁰ fir datt vun dëser Generatioun Rechenschaft gefuerdert gëtt fir d'Blutt vun all de Prophéiten, dat zënter der Erschafung vun der Welt vergoss ginn ass, ⁵¹ ugefaang mam Blutt vum Abel bis bei d'Blutt vum Zacharias, deen tëschent dem Altor an dem [Herrgott sengem] Haus ëmbruecht gouf.ᶠ Jo, ech soen iech: Et gëtt Rechenschaft gefuerdert vun dëser Generatioun!

⁵² Gare ärer, déi dir iech am Gesetz auskennt, dir hutt de Schlëssel vum Wësse verstoppt. Dir selwer sidd net eragaang, an déi, déi eragoe wollten, hutt dir dru gehënnert."

⁵³ Nodeems de Jesus vun do erausgaang war, hunn d'Schrëftgeléiert an d'Pharisäer ugefaang, et zerguttstert op hie sëtzen ze hunn an hie [vun do un] iwwer villes auszefroen, ⁵⁴ si hunn him opgelauert, fir hie mat sengen eegene Wierder ze fànkenᵍ.

---

^a Ze verstoen am Sënn vun: Looss net zou, datt mir a Versuchung gefouert ginn (hebräesche Permissiv).
^b Wuertwiertlech: a Fridden.
^c Wuertwiertlech: D'Luucht vum Kierper ass däin A.
^d Wuertwiertlech: dann ass e ganz hell.
^e Wuertwiertlech: d'Luucht vun engem Blëtz.
^f *Cf.* 2 Chr 24,20-22.
^g Wuertwiertlech: fir eppes aus sengem Mond ze joen.

12 ¹ An der Tëschenzäit haten sech Dausende vu Leit^a versammelt, esou datt si een deem anere bal op d'Féiss getrëppelt sinn^b. Dunn huet de Jesus ugefaang, fir d'éischt mat senge Jünger ze schwätzen. Hie sot: „Huelt iech an Uecht virun de Pharisäer hirem Deessem, dat heescht virun hirer Schäinhelleg-keet.

² Et ass awer näischt ganz zougedeckt, wat net géif opgedeckt ginn, an et ass näischt verbuergen, wat net géif bekannt ginn. ³ Dofir gëtt dat, wat dir an der däischterer Nuecht sot, am hellen Do gehéiert, an dat, wat dir engem an de Kummeren an d'Ouer pëspert, gëtt dann op den Diech verkënnegt.

⁴ Iech awer, menge Frënn, soen ech: Fäert net déi, déi zwar de Kierper doutmaachen, ma duerno näischt weider maache kënnen! ⁵ Ech weisen iech, wien dir da fäerte sollt: Fäert deejéinegen, deen, wann hie bis doutgemaach huet, d'Muecht huet, an d'Häll ze geheien! Jo, ech soen iech: Dee sollt dir

fäerten! 6 Ginn net fënnef Spatze fir zwéin Zantimmᶜ verkaaft? An dach ass keen eenzege vun hinne virum Herrgott vergiess. 7 Ma bei iech sinn esouguer d'Hoer op ärem Kapp alleguer gezielt. Fäert net! Dir sidd méi wäert wéi déi sëllege Spatzen.

8 Ech awer soen iech: Jiddereen, deen sech bei de Mënschen zu mir bekennt, zu deem bekennt sech och de Mënschejong beim Herrgott sengen Engelen. 9 Deen awer, dee mech virun de Mënsche verleegent, dee gëtt virum Herrgott sengen Engele verleegent.

10 A jidderengem, deen dann eppes géint de Mën-schejong seet, deem gëtt verzien. Deem awer, dee géint den hellege Geescht lästert, gëtt net verzien.

11 Wann si iech awer virun [de Geriichtsrot vun] de Synagogen, virun déi Iewescht a virun déi, déi Muecht hunn, féieren, da maacht iech keng Suergen driwwer, wéi oder mat wat dir iech verdeedegen oder wat dir soe sollt, 12 well den hellege Geescht léiert iech dann, wat dir an där Stonn soe sollt."

13 Dunn huet ee vun deene ville Leit zum Jesus gesot: „Meeschter, so mengem Brudder, hie soll d'Ierfschaft mat mir deelen!" 14 De Jesus huet him geäntwert: „Mäi léiwe Mann, wien huet mech dann agesat, fir Riichter iwwer iech ze sinn oder fir d'Ierf-schaft ënner iech opzedeelen?" 15 Du sot hien zu hinnen: „Passt op an hitt iech virun all Geieregkeet, well och wann e Mënsch am Iwwerfloss huet, hänkt säi Liewen net vun sengem Besëtz of."

¹⁶ An de Jesus huet hinnen e Gläichnes erzielt: „Engem räiche Mann seng Stécker hu vill Fruucht gedroen. ¹⁷ Duerfir huet hien iwwerluecht an sech gefrot: ,Wat soll ech maachen, well ech hu keng Plaz méi, wou ech meng Fruucht ënnerdaach brénge kann?' ¹⁸ Du sot hien sech: ,Esou maachen ech et: Ech rappe meng Scheieren of an ech baue méi grousser; do bréngen ech dann all mäi Weess an all meng Gidder ënnerdaach, ¹⁹ an da soen ech zu mir selwer: Du hues hei vill Gidder leien, fir e sëllege Joren; rascht elo, iess, drénk a looss dir et gutt goen!' ²⁰ Den Herrgott awer sot zu him: ,Du Eefalt! Nach an dëser Nuecht gëtt deng Séil vun dir zréckgefrot, a wie kritt dann dat, wat s du opgekéipt hues?' ²¹ Esou geet et deem, dee fir sech selwer Schätz unheeft, amplaz virum Herrgott räich ze ginn."

²² De Jesus sot dunn zu senge Jünger: „Dofir soen ech iech: Maacht iech keng Suerge fir d'Liewen an doriwwer, wat dir iesse sollt, an och net fir de Kierper an doriwwer, wat dir undoe sollt. ²³ D'Liewen ass nämlech méi wéi de Kascht, an de Kierper ass méi wéi d'Gezei. ²⁴ Kuckt d'Kueben: Se séien net, se huele keng Rekolt eran, se hu keng Spënnchen a keng Scheier, an dach gëtt den Herrgott hinnen hiert Fudder – ëm wéivill sidd dir méi wäert ewéi d'Vigel! ²⁵ Wie vun iech ka mat all senger Suerg säi Liewen och nëmmen e bëssche verlängeren? ²⁶ Wann dir also net emol dat Klengst fäerdegbréngt, firwat maacht dir iech da Suerge fir de Rescht?

²⁷ Kuckt iech d'Liljen un, wéi se wuessen: Se ploen
sech net an se spannen net een eenzege Fuedem, an
dach soen ech iech: Net emol de Salomon an all
senger Herrlechkeet war gekleet ewéi eng vun
hinnen. ²⁸ Wa schonns den Herrgott op der Wiss
d'Gras, dat haut do steet a muer am Uewe verbrannt
gëtt, esou kleet, ëm wéivill méi dann iech, dir Kleng-
gleeweger! ²⁹ Dofir sicht net, wat dir iessen oder
drénke sollt, a maacht iech keng Suergen! ³⁰ All dat
sichen nämlech d'Heeden op der Welt. Äre Papp
awer weess, datt dir dat braucht. ³¹ Sicht dir also säi
Räich, an dat anert kritt dir dann derbäi. ³² Fäert net,
du klengen Trapp! Äre Papp huet et nämlech fir gutt
fonnt, iech d'Räich ze ginn.

³³ Verkaaft äre Besëtz a gitt Almosen! Maacht
iech Geldbeidelen, déi net zerschläissen, schaaft iech
e Schaz am Himmel, deen net ofhëlt, un dee keen
Déif drukënnt an deen net vu Matte gefriess gëtt!
³⁴ Well do, wou äre Schaz ass, do ass och äert Häerz.

³⁵ Kuckt, datt dir fäerdeg ugedoe sidd[d] an datt är
Luuchte brennen! ³⁶ Dir sollt sinn ewéi Leit, déi op
hiren Här waarden, dee vun enger Hochzäit zréck-
komme soll, fir datt si him gläich opmaache kënnen,
wann hie kënnt a klappt. ³⁷ Glécklech sinn déi
Dénger, déi den Här waakreg fënnt, wann hien
heemkënnt! Amen, ech soen iech: Hien deet e
Schiertech un a léisst si um Dësch Plaz huelen; da
geet hien hin a bedéngt si. ³⁸ A wann hien an där
zweeter oder an där drëtter Nuetswuecht kënnt an si

esou fënnt – glécklech sinn si! [39] Verhaalt iech dat hei: Wann den Haushär wéisst, a wat fir enger Stonn den Déif kënnt, da géif hien net zouloossen, datt an säin Haus agebrach gëtt. [40] Haalt och dir iech prett, well de Mënschejong kënnt zu enger Stonn, wou dir net drop gefaasst sidd!"

[41] Du sot de Péitrus: „Här, erziels du dat Gläichnes nëmme fir äis oder fir d'Leit alleguer?" [42] Den Här huet geäntwert: „Wien ass wuel deen treie Verwalter, dee lous ass, an deen den Här iwwer seng Déngerschaft stellt, fir datt hie mat Zäit d'Iesse verdeelt, dat jiddereen zegutt huet? [43] Glécklech ass deen Dénger, deen domat amgaang ass, wann säin Här kënnt! [44] Wierklech, ech soen iech: Den Här gëtt him säi ganze Besëtz ze verwalten. [45] Wann awer deen Dénger bei sech denkt: ‚Mäin Här léisst sech Zäit fir ze kommen!', an hie fänkt un, d'Kniecht an d'Meed ze schloen, z'iessen an ze drénken an sech eng unzestrécken, [46] da kënnt deem Dénger säin Här op engem Dag, wou hien et net erwaart, an zu enger Stonn, déi hien net kennt, an dann heet hien den Dénger a Stécker an deet hien deenen Ontreien hiert Lous deelen.

[47] Deen Dénger, deen sengem Här säi Wëlle kennt an trotzdem näischt esou virbereet oder mécht, wéi säin Här et wëllt, dee kritt vill Streech. [48] Deejéinegen awer, deen dem Här säi Wëllen net kennt an dann eppes mécht, wat Streech verdéngt, dee kritt der wéineg. Wiem vill gi gouf, vun deem

gëtt och vill gefuerdert, a wiem vill uvertraut gouf, vun deem gëtt nach méi erëmgefrot.

49 Fir Feier op d'Äerd ze geheien, sinn ech komm, a wat wéilt ech, datt et ewell brenne géif! 50 Ech muss awer eng Daf iwwer mech ergoe loossen, a wéi baang ass et mir, bis et gedoen ass! 51 Mengt dir, ech wär komm, fir Fridden op d'Äerd ze bréngen? Neen, soen ech iech, ech brénge kee Fridden, ma Sträit. 52 Well vun elo un hunn an engem Haus vu fënnef Leit der dräi Sträit mat zwéin an der zwéi Sträit mat dräi, 53 de Papp kritt Sträit mam Jong an de Jong mam Papp, d'Mamm mat der Duechter an d'Duech-ter mat der Mamm, d'Schwéiermamm mat der Schnauer an d'Schnauer mat der Schwéiermamm."

54 Du sot de Jesus och nach zu deene sëllege Leit: „Wann dir am Westen eng Wollek opzéie gesitt, sot dir direkt: ‚Et gëtt Reen.' An esou geschitt et. 55 A wann de Wand vu Süde bléist, sot dir: ‚Et gëtt waarm.' An esou geschitt et. 56 Dir Schäinhelleger! Dir wësst d'Ausgesi vun der Äerd a vum Himmelᵉ ze deiten. Wéi kënnt et, datt dir dës Zäit net ze deite wësst?

57 Firwat awer beuerteelt dir net vun iech aus, wat gerecht ass? 58 Well wann s du mat dengem Géigner bei een Ieweschte gees, da gëff dir ënnerwee Méi, dech [am Gudde] mat him ze eenegen, soss schleeft hien dech virun de Riichter, de Riichter liwwert dech un de Geriichtsdénger aus, an de Geriichtsdénger geheit dech an de Prisong. 59 Ech soen dir: Do kënns

du net eraus, bis du dee leschten Zantimm[f] erëmginn hues."

---

[a] Wuertwiertlech: Zéngdausende vu Leit.
[b] Wuertwiertlech: datt si sech zertrëppelt hunn.
[c] Wuertwiertlech: zwéin Assen. Een Ass war 1/16 vun enger Sëlwermënz, respektiv vun engem Denar.
[d] Wuertwiertlech: Kuckt, datt dir de Rimm ëm d'Hëffen hutt; Ex 12,11.
[e] Wuertwiertlech: d'Gesiicht vun der Äerd a vum Himmel (Hebraismus).
[f] Wuertwiertlech: dat lescht Lepton. Ee Lepton war en halwe Quadrans a war déi klengst jüddesch Mënz.

13

[1] Déi Zäit koumen en etlech Leit bei de Jesus an hunn him vun deene Galiläer erzielt, déi de Pilatus ëmbrénge gelooss hat, iwwerdeems si am Tempel Déiere geaffert haten[a]. [2] Dueropshi sot hien zu hinnen: „Mengt dir, dës Galiläer wäre méi grouss Sënner gewiescht wéi all déi aner Galiläer, well et hinnen esou ergaang ass? [3] Neen, soen ech iech. A wann dir net ëmdenkt, kommt dir alleguer gradesou ëm! [4] Oder déi 18, déi erschloe goufen, wéi de Schiloacher Tuerm op si gefall ass, mengt dir, si wäre méi schëlleg gewiescht wéi all déi aner Leit, déi zu Jerusalem wunnen? [5] Neen, soen ech iech. A wann dir net ëmdenkt, kommt dir alleguer ëm ewéi si!"

[6] Dunn huet hien dëst Gläichnes erzielt: „Et hat een e Figebam an säi Wéngert gesat, a wéi hie komm

ass, fir um Bam no Friichten ze sichen, huet hie keng fonnt. [7] Du sot hien zum Wënzer: ,Kuck, elo kommen ech ewell dräi Joer hier, fir un dësem Figebam no Friichten ze sichen, ma ech fanne keng. Ha en dach nëmmen ëm! Firwat soll en nach weider dem Buedem seng Kraaft huelen?' [8] De Wënzer awer huet him geäntwert: ,Här, looss en nach dëst Joer stoen, fir datt ech ronderëm en opkappen a Mëscht spreeë kann; [9] vläicht dréit en da Friichten. Wann net, dann ha en dat anert Joer ëm!'"

[10] Wéi de Jesus amgaang war, d'Leit um Sabbat an enger vun de Synagogen ze léieren, [11] du war do eng Fra, déi 18 Joer laang vun engem Geescht besiess war, deen si krank gemaach huet: Si huet sech vireriwwer gehal a konnt sech net ganz opriichten. [12] De Jesus huet si gesinn, huet si bei sech geruff a sot: „Fra, du bass vun denger Krankheet befreit!" [13] Hien huet hir d'Hänn opgeluecht, an direkt huet si sech opgeriicht an huet den Herrgott gelueft. [14] Deen Ieweschte vun der Synagog awer, dee rose war, well de Jesus e Mënsch um Sabbat geheelt hat, sot zu deene sëllege Leit: „Et gëtt sechs Deeg, op deenen ee schaffe muss; kommt déi Deeg a loosst iech heelen, ma net den Dag vum Sabbat!" [15] Den Här awer huet him geäntwert: „Du Schäinhellegen! Mécht net jidderee vun iech um Sabbat säin Ochs oder säin Iesel vun der Fudderkrëpp lass a féiert e saufen? [16] Déi Fra hei awer, eng Duechter vum Abraham, déi vum Satan gefesselt war – an dat schonn 18 Joer

laang! –, huet déi net missten den Dag vum Sabbat vun hirer Fessel lassgemaach ginn?!" [17] Wéi de Jesus dat gesot hat, waren all déi schimmeg, déi géint hie waren. Ma all déi sëllegen [aner] Leit hunn sech iwwer déi herrlech Saache gefreet, déi duerch de Jesus geschitt sinn.

[18] Du sot hien: „Wiem gläicht dem Herrgott säi Räich, a mat wat soll ech et vergläichen? [19] Et ass wéi mat engem Moschterkär, deen e Mënsch hëlt an op säi Stéck geheit. En ass gewuess an ass e Bam ginn, an *d'Vigel vum Himmel* hunn *an sengen Äscht hir Näschter gebaut* [b]."

[20] A weider sot hien: „Mat wat soll ech dem Herrgott säi Räich vergläichen? [21] Et ass wéi mat Deessem, deen eng Fra hëlt an ënner dräi Moosse[c] Miel mëscht, bis dat Ganzt duerchsaiert ass."

[22] De Jesus ass duerch Stied an Dierfer gezunn an huet d'Leit geléiert; esou ass hien säi Wee op Jerusalem zou virugaang.

[23] Du sot een zu him: „Här, sinn et der nëmme just e puer, déi gerett ginn?" Hie sot zu hinnen: [24] „Gitt iech drun, fir duerch déi schmuel Dier eranzegoen, well ech soen iech: Vill probéieren der, fir eranzegoen, ma si bréngen et net fäerdeg! [25] Soubal den Haushär opgestan ass an d'Dier zougespaart huet, stitt dir dobaussen, klappt un d'Dier a sot: ‚Här, maach äis op!', an dann äntwert hien iech: ‚Ech weess net, wou dir hierkommt.' [26] Da fänkt dir un ze soen: ‚Mir hunn dach bei dir zou giess a gedronk, an

op eise Stroossen hues du äis geléiert!' ²⁷ An da seet hien zu iech: ‚Ech weess net, wou dir hierkommt. *Ewech vu mir, dir alleguer, déi dir soss näischt wéi Onge-rechtegkeet opweises hutt!*ᵈᶜ ²⁸ Dobaussen, do jéimert dir dann a grätscht mat den Zänn, wann dir den Abra-ham, den Isaak, de Jakob an alleguer d'Prophéiten am Herrgott sengem Räich gesitt, selwer awer eraus-gehäit gi sidd. ²⁹ Vu Sonnenopgang a Sonnenënner-gang, vun Norden a Süde kommen si hier a sëtzen sech am Herrgott sengem Räich un den Dësch. ³⁰ A kuckt, et gëtt Leschter, déi ginn dann déi Éischt, an et gëtt Éischter, déi ginn dann déi Lescht."

³¹ An därselwechter Stonn koumen e puer Phari-säer dohin an hunn zum Jesus gesot: „Géi a maach dech fort vun hei, well den Herodes wëllt dech dout-maache loossen!" ³² De Jesus awer huet hinne geänt-wert: „Gitt a sot deem Fuuss do: ‚Kuck, ech dreiwen Dämonen aus, ech wierken Heelungen, haut, a muer, an den drëtten Dag fannen ech meng Erfëllung. ³³ Ma ech muss haut a muer an och iwwermuer [op mengem Wee] virugoen, well et geet net, datt e Pro-phéit baussent Jerusalem doutgemaach gëtt.'

³⁴ Jerusalem, Jerusalem, dat s du d'Prophéiten doutméchs an déi stengegs, déi bei dech geschéckt ginn! Wéi dacks wollt ech deng Kanner zesumme-féieren, esou wéi eng Kluck hiert Schippelchen ënner hir Flillécken, ma dir hutt net gewollt. ³⁵ Kuck: Dofir gëtt iech äert Haus iwwerloossᵉ. Ech awer soen iech: Vun elo u gesitt dir mech net méi, [bis den Dag

kënnt,] wou dir sot: *‚Geseent sief deen, deen am Här sengem Numm kënnt!'* [f] "

---

[a] Wuertwiertlech: deenen hiert Blutt de Pilatus mat deem vun hiren Affer vermëscht hat.

[b] Ps 103,12 LXX.

[c] Eng Mooss sinn ca. 13 Liter.

[d] Ps 6,9.

[e] Ze verstoen am Sënn vun: Dofir iwwerléist iech den Herrgott äert Haus („Passif divin").

[f] Ps 118,26.

14

[1] Wéi de Jesus eng Kéier um Sabbat an engem vun de Pharisäer hiren Ieweschte säin Haus gaang ass fir z'iessen, hunn si hie stänneg am A behal. [2] Du stoung op eemol e Mënsch virun him, deem säi Kierper voll Waasser war. [3] De Jesus huet sech un déi, déi sech am Gesetz auskannt hunn, an un d'Pharisäer geriicht an si gefrot: „Ass et erlaabt, op engem Sabbat ze heelen, oder net?" [4] Si awer hunn net doropper geäntwert. De Jesus huet de Mann ugepaakt a geheelt an hien du goe geloss. [5] Hie sot zu hinnen: „Wie vun iech, deem säi Jong oder deem säin Ochs an e Pëtz fält, zitt en net eenzock eraus — och op engem Sabbat?" [6] An si konnten him näischt dergéinthalen.

[7] Well hien an Uecht geholl huet, datt d'Gäscht sech d'Éiereplazen erausgesicht hunn, huet hien hinnen e Gläichnes erzielt. Hie sot: [8] „Wann s du

vun engem op eng Hochzäit ageluede gi bass, da sëtz dech net op d'Éiereplaz! Et kéint jo sinn, datt méi en Dichtege wéi s du ageluede gi wär, ⁹ an datt deejéinege kéim, deen iech agelueden huet, an zu dir soe géif: ‚Looss him hei dës Plaz!' Da misst du ufänken, voll Schimmt op déi lescht Plaz ze réckelen. ¹⁰ Neen – wann s du ageluede gi bass, da géi sëtz dech op déi lescht Plaz, fir datt deejéinege kënnt, deen dech agelueden huet, an zu dir seet: ‚Mäi Frënd, réckel méi wäit erop!' Dat ass fir dech dann eng Éier virun all deenen, déi mat dir um Dësch sinn. ¹¹ Well jiddereen, deen sech selwer erhéicht, gëtt erofgesat, a wien sech selwer erofsetzt, dee gëtt erhéicht."

¹² Zu deemjéinegen, deen hien agelueden hat, sot hien: „Wann s du e Mëtteg- oder en Nuechtiesse gëss, da ruff weder deng Frënn nach deng Bridder nach deng Famill nach räich Noperen, fir datt si dech net och nees alueden an datt s du et esou erëmkriss! ¹³ Neen – wann s du en Iesse gëss, da ruff Aarmer, Krëppelen, Schlammer a Blanner! ¹⁴ Da gëss du glécklech, well si et nämlech net hunn, fir dir et erëmzeginn. Du awer kriss et hannescht bei der Opstéiung vun deene Gerechten!"

¹⁵ Wéi een, dee mat bei Dësch war, dat héieren huet, sot hien zu him: „Glécklech ass deejéinegen, deen sech da mat usetzen däerf am Herrgott sengem Räich!" ¹⁶ De Jesus sot zu him: „E Mann huet alles fir e grousst Iessen an d'Rei gemaach, an hien huet vill Leit geruff. ¹⁷ Wéi et esou wäit war, huet hien säi

Kniecht erausgeschéckt, fir de Leit, déi geruff waren, ze soen: ,Kommt, well et ass alles prett!' [18] Ma si hunn ee wéi deen aneren ugefaang, sech z'entschëllegen. Deen Éischte sot zu him: ,Ech hunn e Feld kaaft, an ech muss higoen a mir et ukucken. Ech bieden dech, mech z'entschëllegen.' [19] En anere sot: ,Ech hu fënnef Gespaner Ochse kaaft, an ech gi mir se ukucken. Ech bieden dech, mech z'entschëllegen.' [20] Nach en anere sot: ,Ech hu mech bestuet, an dowéinst kann ech net kommen.' [21] Wéi de Kniecht zréckkomm ass, huet hien sengem Här alles verzielt. Dunn ass den Haushär rose ginn. Hie sot zu sengem Kniecht: ,Géi séier eraus op d'Stroossen an an d'Gaasse vun der Stad a bréng déi Aarm, déi Krëppeleg, déi Blann an déi Schlamm hei eran!' [22] De Kniecht sot: ,Här, dat, wat s du mech ugestallt hues, ass gemaach, ma et ass nach Plaz.' [23] An den Här sot zum Kniecht: ,Da géi eraus op d'Landstroossen a bei d'Därenhecken[a] a bestéi drop, datt d'Leit erakommen, fir datt main Haus voll gëtt! [24] Ech soen iech awer: Kee vun deenen, déi ech fir d'éischt geruff hat, kritt vu mengem Iessen ze schmaachen!' "

[25] Eng Onmass Leit si mat dem Jesus matgaang. Hien huet sech ëmgedréit a sot zu hinnen: [26] „Wann ee bei mech kënnt, awer net Papp a Mamm, Fra a Kanner, Bridder a Schwësteren an esouguer säin eegent Liewen haasst, da kann hien net mäi Jünger

sinn. [27] Wien net säi Kräiz dréit a mir nokënnt, dee kann net mäi Jünger sinn.

[28] Wie vun iech, dee wëlles huet, en Tuerm ze bauen, sëtzt sech net fir d'éischt dohinner, rechent d'Onkäschten aus a kuckt, ob hien och genuch huet, fir bis un d'Enn ze kommen? [29] Net datt hien, wann hien d'Fëllement geluecht huet, net amstand ass, den Tuerm fäerdegzekréien, an datt all déi, déi et gesinn, ufänken, de Spott mat him ze dreiwen, [30] a soen: ,Deen doten huet ugefaang, en Tuerm ze bauen, an hien ass net amstand, e fäerdegzekréien!' [31] Oder wat fir e Kinnek geet an de Krich géint en anere Kinnek, ouni sech fir d'éischt dohinzesëtzen an sech mat senge Leit ze beroden, ob hie mat 10.000 Mann deem aneren entgéinttriede kann, dee mat hirer 20.000 op hien duerkënnt? [32] Wann hien dat net kann, da schéckt hien eng Delegatioun bei deen aneren, soulaang deen nach wäit ewech ass, an hie freet ëm Fridden. [33] Duerfir: Wie vun iech sech net vun all senge Gidder lass seet, dee kann net mäi Jünger sinn.

[34] D'Salz ass jo eppes Guddes; wann d'Salz awer fad ginn ass, wouduerch kann et dann nees salzeg gemaach ginn? [35] Et ass weder fir an de Buedem nach fir op d'Mëscht ze gebrauchen, 't geheit een et eraus. Wien Oueren huet, dee soll lauschteren!"

----

[a] Wuertwiertlech: Zonken. D'Perche waren deemools mat Därenhecken ofgegrenzt.

15

¹ D'Steierandreiwer an d'Sënner sinn alleguer bei de Jesus komm, fir him nozelauschteren. ² Dunn hunn d'Pharisäer an och d'Schrëftgeléiert gegrommelt a soten: „Deen do hëlt sech de Sënner hirer un, an hien ësst esouguer mat hinnen!"

³ Hien awer huet hinnen dëst Gläichnes erzielt: ⁴ „Wie vun iech, deen 100 Schof huet an eent dervu verléiert, léisst net déi 99 an der Wüüst zréck a geet deem verluerenen no, bis hien et fënnt? ⁵ A wann hien et fonnt huet, dann hëlt hien et voll Freed op seng Schëlleren. ⁶ Doheem rifft hien d'Frënn an d'Noperen zesummen a seet zu hinnen: ,Freet iech mat mir, well ech hu mäi Schof, dat ech verluer hat, erëmfonnt!' ⁷ Ech soen iech: Esou ass och am Himmel méi Freed iwwer ee Sënner, deen ëmdenkt, wéi iwwer 99 Gerechter, déi et net néideg hunn, ëmzedenken.

⁸ Oder wat fir eng Fra, déi zéng Sëlwermënzen huet an eng dervu verléiert, fänkt net eng Luucht un, kiert d'Haus a sicht gréndlech, bis si se fënnt? ⁹ A wann si se fonnt huet, da rifft si d'Fréndinnen an d'Nopeschen zesummen a seet: ,Freet iech mat mir, well ech hunn déi Sëlwermënz, déi ech verluer hat, erëmfonnt!' ¹⁰ Esou, soen ech iech, ass och beim Herrgott sengen Engele Freed iwwer ee Sënner, deen ëmdenkt."

¹¹ Du sot hien: „E Mann hat zwéi Jongen. ¹² Dee jéngste vun hinne sot zum Papp: ,Papp, gëff mir meng Deel!' Dueropshin huet de Papp d'Verméigen

ënner hinnen opgedeelt. ¹³ Et huet net laang ge-
dauert, dunn huet dee jéngste Jong alles zesumme-
gepaakt an ass wäit fort an en anert Land gaang, wou
hien säi ganzt Verméigen duerch e Liewen am Vollen
dropgemaach huet. ¹⁴ Wéi hien alles dropgekéiert
hat, ass an deem Land eng uerg Hongersnout
ausgebrach, an hien huet ugefaang, de Manktem ze
spieren. ¹⁵ Dunn ass hien higaang an huet sech bei
engem Bierger aus deem Land verdangt; deen huet
hien op seng Stécker geschéckt, fir d'Schwäin ze
hidden. ¹⁶ Gär hätt hien sech un de Scheeken, déi
d'Schwäi gefriess hunn, sat giess, ma et huet keen
him se ginn. ¹⁷ Dunn ass hien an sech gaang a sot:
,Wéivill vu mengem Papp sengen Doléiner hu Brout
am Iwwerfloss, an ech kommen hei ëm vun Honger!
¹⁸ Ech maache mech elo op de Wee, ech gi bei mäi
Papp, an ech soen him: Papp, ech hu géint den
Himmel a géint dech gesënnegt; ¹⁹ ech sinn et net
méi wäert, däi Jong genannt ze ginn. Behandel mech
wéi ee vun dengen Doléiner!' ²⁰ An hien huet sech
op de Wee gemaach an ass bei säi Papp gaang. Wéi
hien nach wäit ewech war, huet de Papp hie gesinn,
an et huet him am Häerz wéigedoen. Hien ass op de
Jong duergelaf, ass him ëm den Hals gefall an huet
hie gekësst. ²¹ Ma de Jong sot zu him: ,Papp, ech hu
géint den Himmel a géint dech gesënnegt; ech sinn
et net méi wäert, däi Jong genannt ze ginn.' ²² De
Papp awer sot zu senge Kniecht: ,Bréngt séier dat
houbeschte Kleed erbäi an dot him et un, gitt him e

Rénk fir un de Fanger a Sandale fir an d'Féiss!
²³ Bréngt dat gemäschtent Kallef, schluecht et, an da
wëlle mir frou sinn a gutt iessen, ²⁴ well mäi Jong hei
war dout, an hie lieft nees; hie war verluer an ass
erëmfonnt ginn!' An si hunn ugefaang ze feieren.
²⁵ Deen eelste Jong awer war um Feld. Wéi hien
heemkomm ass a méi no beim Haus war, huet hie
Musek an Danz héieren. ²⁶ Hien huet ee vun den
Dénger erbäigeruff a gefrot, wat do lass wär. ²⁷ Deen
huet him gesot: ,Däi Brudder ass erëmkomm, an däi
Papp huet dat gemäschtent Kallef geschluecht, well
hien hie gesond erëmkritt huet.' ²⁸ Dunn ass de Jong
rose ginn a wollt net eragoen. Dueropshin ass säi
Papp erauskomm an huet him gefléift. ²⁹ Hien awer
huet dem Papp geäntwert: ,Kuck, esou vill Joer
dénger ech dir elo schonn, an nach ni hunn ech e
Gebot vun dir iwwertratt. Ma mir hues du nach ni
och nëmmen e Geessebock ginn, fir datt ech mat
menge Frënn hätt kënne feieren! ³⁰ Wéi awer däi
Jong do komm ass, deen däi Verméige mat Stroosse-
meedercher verjuppt huet, dunn hues du fir hien dat
gemäschtent Kallef geschluecht!' ³¹ Ma de Papp sot
zu him: ,Kand, du bass déi ganzen Zäit bei mir, an
alles, wat mäint ass, ass och däint. ³² Ma elo huet een
dach misse frou sinn an sech freeën, well däi
Brudder hei war dout, an hie lieft nees; hie war
verluer an ass erëmfonnt ginn!' "

16 ¹ Weider sot de Jesus zu senge Jünger: „Et war emol e räiche Mann, deen hat e Verwalter. Dëse Verwalter gouf bei him ugeklot, hie géif sengem Här säi Verméigen zur Fënster erausgeheien. ² Den Här huet hie geruff a sot zu him: ,Wat héieren ech do vun dir? Lee Rechenschaft iwwer deng Verwaltung of, well du kanns net méi mäi Verwalter bleiwen!' ³ Du sot de Verwalter sech: ,Wat soll ech maachen, wa mäin Här mir elo d'Verwaltung ewechhëlt? Fir am Gruef ze schaffen, sinn ech net staark genuch, a fir ze heeschen, schummen ech mech. – ⁴ Elo weess ech, wat ech maachen, fir datt d'Leit mech bei sech ophuelen, wann ech d'Verwaltung ewechgeholl kréien!' ⁵ Hien huet all déi, déi bei sengem Här an der Schold stoungen, een nom anere komme gelooss, an hie sot zu deem Éischten: ,Wéivill bass du mengem Här schëlleg?' ⁶ Deen huet geäntwert: ,100 Faass Ueleg.' Du sot hien zu him: ,Huel däi Scholdschäin, sëtz dech a schreif séier: 50.' ⁷ Zu engem anere sot hien: ,An du, wéivill bass du schëlleg?' Deen huet geäntwert: ,100 Mooss Weess.' Hie sot zu him: ,Huel däi Scholdschäin a schreif: 80.' ⁸ An den Här huet deen ongerechte Verwalter gelueft, well deen sech esou lous ugeluecht hat. D'Kanner vun dëser Welt sinn nämlech am Ëmgang mat hiresgläiche méi lous, wéi d'Kanner vum Liicht et sinn. ⁹ An ech soen iech: Maacht iech Frënn mat deem ongerechte Mammon, fir datt si iech deen Ament, wou en ausgaang ass, an deenen éiwegen Zelter ophuelen!

[10] Een, deen trei ass am Klengen, ass och trei am Groussen, an een, deen ongerecht ass am Klengen, ass och ongerecht am Groussen. [11] Wann dir also mat deem ongerechte Mammon net trei ëmgaange sidd, wie vertraut iech da jeemools dat un, op dat et wierklech ukënnt? [12] A wann dir mat friemem Besëtz net trei ëmgaange sidd, wie gëtt iech da jeemools ären eegenen?

[13] Kee Kniecht kann zwéin Hären déngen; entweder haasst hien deen een an ass frou mat deem aneren, oder hien hänkt un deem engen a veruecht deen aneren. Dir kënnt net dem Herrgott déngen an an engems dem Mammon."

[14] Wéi d'Pharisäer, déi d'Sue gären haten, dat alles héieren hunn, hunn si hien ausgelaacht. [15] Du sot de Jesus zu hinnen: „Dir sidd déijéineg, déi sech als gerecht virun de Mënschen duerstellen, ma den Herrgott kennt är Häerzer: Well dat, wat d'Mënschen héichhalen, dat grujelt den Herrgott.

[16] D'Gesetz an d'Prophéite gi bis bei de Johannes. Vun do u gëtt déi gutt Noriicht vum Herrgott sengem Räich verkënnegt, a jidderee mécht alles, fir eranzekommen[a]. [17] Éischter verginn den Himmel an d'Äerd, wéi datt een Tëppelche vum Gesetz ewechfält.

[18] Jiddereen, deen seng Fra entléisst an sech mat enger anerer bestit, dee brécht d'Bestietnes, a wien eng Fra bestit, déi vun hirem Mann entlooss ginn ass, och dee brécht d'Bestietnes.

[19] Et war emol e räiche Mann, deen hat purpur-
rout Gezei aus feinem Léngent un. Hien huet sech
all Dag ameséiert an sech et gutt goe gelooss.
[20] Virun senger Dier louch en aarme Mënsch voller
Schwieren, dee Lazarus geheescht huet, [21] an deen
sech gären un deem, wat vun deem Räichen sengem
Dësch erofgefall ass, sat giess hätt. Esouguer d'Hënn
si komm an hunn seng Schwiere geleckt. [22] Wéi de
Lazarus gestuerwen ass, gouf hie vun den Engelen
an dem Abraham säi Schouss gedroen. Och dee
räiche Mann ass gestuerwen a gouf begruewen. [23] An
der Doudewelt, wou hien eng Péng sonnergläichen
auszestoen hat, huet hien opgekuckt a vu Wäitem
den Abraham gesinn an de Lazarus an deem sengem
Schouss. [24] Dunn huet hie geruff: ,Abraham, Papp,
erbaarm dech menger a schéck de Lazarus, fir
d'Fangerspëtzt a Waasser ze zappen a meng Zong
ofzekillen, well ech an dëse Flamen esou vill Péng
erdroe muss!' [25] Den Abraham awer sot: ,Kand, er-
ënner dech drun: Esou wéi s du an dengem Liewen
dat Gutt kritt hues, esou krut de Lazarus dat
Schlecht. Elo awer gëtt hien hei getréischt, an du
muss Péng erdroen. [26] Souwéisou ass tëschent äis an
iech e grousse Gruef, fir datt déi, déi vun hei aus bei
iech eriwwergoe wëllen, dat net kënnen, a fir datt
och kee vun iech bei äis eriwwerkomme kann.'
[27] Dee Räichen awer sot: ,Ech bieden dech, Papp, da
schéck de Lazarus a mengem Papp säin Haus; [28] ech
hunn nämlech fënnef Bridder – déi soll hie warnen,

fir datt si net och op dës Plaz kommen, wou eng Péng sonnergläichen ass!' [29] Du sot den Abraham: ‚Si hunn de Moses an d'Prophéiten; op déi sollen si lauschteren!' [30] Ma dee räiche Mann huet geäntwert: ‚Neen, Abraham, Papp, si denken nëmmen ëm, wann ee vun den Doudege bei si kënnt.' [31] Du sot den Abraham: ‚Wann si net op de Moses an op d'Prophéite lauschteren, da loossen si sech och net vun engem iwwerzeegen, dee vun den Doudegen operersteet.' "

---

[a] Wuertwiertlech: a jiddereen dréckt sech mat Gewalt eran.

17 [1] Du sot de Jesus zu senge Jünger: „Et ass net méiglech, datt näischt kënnt, wat iech falen deet, ma gare deem senger, duerch deen et kënnt! [2] Fir hie wär et besser, wann hien e Muelsteen ëm den Hals gehaang krit an an d'Mier gestouss géif, wéi datt hien och nëmmen ee vun deene Klengen hei falen doe géif. [3] Huelt iech an Uecht! Wann däi Brudder sënnegt, da stell hien zur Ried, a wann hien dann ëmdenkt, da verzei him. [4] An huet hie siwemol am Dag géint dech gesënnegt a kënnt siwemol bei dech zréck a seet: ‚Ech si bereet, ëmzedenken', da verzei him!"

[5] D'Apostele soten zum Här: „Looss eise Glaf méi grouss ginn!" [6] Den Här huet geäntwert: „Wann äre Glaf och nëmmen esou grouss wär wéi e

Moschterkär, da géift dir zu dësem Molbierfigebam soen: ‚Zéi deng Wuerzelen eraus a verplanz dech an d'Mier!' – an hie géif iech follegen.

7 Wann ee vun iech e Kniecht huet fir ze plouen oder fir d'Véi ze hidden an dee kënnt vum Feld heem, seet hien dann éiren zum Kniecht: ‚Komm direkt heihin a sëtz dech un!'? 8 Seet hien net éischter zu him: ‚Maach mir eppes z'iessen, do d'Schiertech un a bedéng mech, bis ech giess a gedronk hunn; duerno kanns du dann och iessen an drénken!'? 9 Huet hien éiren e Merci fir de Kniecht, well deen dat gemaach huet, wat hien ugestallt ginn ass? 10 Esou sollt och dir soen, wann dir alles gemaach hutt, wat dir ugestallt gi sidd: ‚Mir sinn onnëtz Kniecht; mir hu soss näischt gemaach wéi eis Flicht a Schëllegkeet.'"

11 Op sengem Wee op Jerusalem zou ass de Jesus duerch Samaria an duerch Galiläa gaang.

12 Wéi hien an en Duerf eragoe wollt, sinn him zéng aussätzeg Männer entgéintkomm. Si si méi wäit ewech stoe bliwwen 13 an hunn haart geruff: „Jesus, Meeschter, erbaarm dech eiser!" 14 Wéi hien si gesinn huet, sot hien zu hinnen: „Gitt weist iech de Priister!" Iwwerdeems si dohi goungen, goufen si gerengegt. 15 Ee vun hinnen, dee gesinn huet, datt hie geheelt war, ass ëmgedréit an huet den Herrgott aus voller Broscht verherrlecht. 16 Hien huet sech dem Jesus zu Féiss gehäit an huet him merci gesot. Dëse Mann war e Samariter. 17 De Jesus huet geäntwert: „Sinn

net déi zéng gerengegt ginn? Wou sinn dann déi aner néng? [18] Huet soss keen et fir néideg fonnt, ëmzedréien an den Herrgott ze verherrlechen, wéi just dëse Friemen?" [19] An hie sot zu him: „Stéi op a géi! Däi Glaf huet dech gerett."

[20] Wéi hien awer vun de Pharisäer gefrot ginn ass, wéini dem Herrgott säi Räich kéim, huet hien hinne geäntwert: „Dem Herrgott säi Räich kënnt net esou, datt een et mat den Ae geséich. [21] Et kann een och net soen: ‚Kuck, hei ass et!' oder: ‚Do ass et!', well dem Herrgott säi Räich ass [schonn] ënner iech."

[22] Zu de Jünger awer sot hien: „Et kommen Deeg, do verlaangert dir dono, ee vum Mënschejong sengen Deeg ze gesinn, ma dir kritt en net ze gesinn. [23] Wann si dann zu iech soen: ‚Kuck, do ass en!' oder: ‚Kuck, hei ass en!', da gitt net dohin a laaft hinnen net no! [24] Well esou wéi de Blëtz vun där enger Säit vum Himmel bis op déi aner Säit vum Himmel liicht, esou ass et och mam Mënschejong, wann hien op sengem Dag kënnt. [25] Fir d'éischt awer muss hie villes erleiden a vun dëser Generatioun verstouss ginn. [26] Well wéi et zur Zäit vum Noah geschitt ass, esou geet et dann och zur Zäit vum Mënschejong: [27] D'Leit hu giess a gedronk, si hunn sech bestuet a si bestuet ginn, bis deen Dag, wou den Noah an d'Arch eragaang ass an d'Sintflut komm ass an si all mat an den Doud gerappt huet. [28] Grad ewéi et zur Zäit vum Lot geschitt ass, datt d'Leit giess a gedronk, kaaft a verkaaft, geplanzt a gebaut hunn,

[29] bis deen Dag, wou de Lot aus Sodom fortgaang ass an et Feier a Schwiefel vum Himmel gereent huet an [déi aner] all verbrannt huet, [30] esou geet et och deen Dag, wou de Mënschejong sech offenbaart. [31] Wien dann um Daach vun sengem Haus ass, ma seng Saache bannenan huet, soll net erofklammen, fir se ze huelen. D'selwecht soll deen, deen um Feld ass, sech net ëmdréien an hannerun sech kucken. [32] Denkt un dem Lot seng Fra! [33] Wie versicht, säi Liewen ze retten, dee verléiert et; wien et awer verléiert, deen erhält sech et. [34] Ech soen iech: Déi Nuecht leien der zwéin op engem Bett; deen ee gëtt matgeholl, an deen anere gëtt dogelooss. [35] Do sëtzen zwou Frae beieneen ze muelen; déi eng gëtt matgeholl, déi aner awer gëtt dogelooss." [36] [37] Si hunn him geäntwert a gesot: „Wou [geschitt dat], Här?" Hie sot zu hinnen: „Wou e Kadaver ass, do versammelen sech och d'Aasgeieren."

18

[1] De Jesus huet hinnen e Gläichnes erzielt, fir ze weisen, datt si ëmmer bieden an däers net midd gi sollten. [2] Hie sot: „Et war emol an enger Stad e Riichter, dee weder den Herrgott gefaart nach iergendee Mënsch geuecht huet. [3] An därselwechter Stad war och eng Witfra, déi ëmmer erém bei dee Riichter komm ass a gesot huet: ,Verschaf mir Recht géint mäi Géigner!' [4] Eng Zäitlaang wollt hien net.

Zu gudder Lescht awer huet hien sech gesot: ,Och wann ech weder den Herrgott fäerten nach iergendee Mënsch uechten, ⁵ wëll ech dëser Witfra elo Recht verschafen, well si ass mir eng eenzeg Plo! Net datt si um Enn nach kënnt a mir eng op de Bak gëtt.'" ⁶ Du sot den Här: „Lauschtert, wat deen ongerechte Riichter do seet! ⁷ Soll dann éiren den Herrgott sengen Auserwielten net Recht verschafen, wann si Dag an Nuecht zu him ruffen? Soll hien si laang waarde loossen? ⁸ Ech soen iech: Hie verschaaft hinne séier hiert Recht. Wann awer de Mënschejong kënnt, fënnt hien dann [nach] de Glawen op der Äerd?"

⁹ Verschiddene Leit awer, déi iwwerzeegt waren, datt si gerecht wären, an déi déi aner veruecht hunn, huet hien dëst Gläichnes erzielt: ¹⁰ „Zwéi Männer sinn erop an den Tempel gaang fir ze bieden; deen ee war e Pharisäer, deen aneren e Steierandreiwer. ¹¹ De Pharisäer huet sech dohi gestallt an huet fir sech gebiet: ,Herrgott, ech soen dir merci, datt ech net esou si wéi déi aner, wéi Raiber oder wéi Leit, déi ongerecht sinn oder déi friemginn, oder och wéi dee Steierandreiwer do. ¹² Ech faaschten zweemol d'Woch, an ech gi vun allem, wat ech erakréien, den zéngten Deel of.' ¹³ De Steierandreiwer awer war méi wäit ewech stoe bliwwen. Hie war net emol esou kéng, an den Himmel opzekucken, ma huet sech un d'Broscht geschloen a sot: ,Herrgott, schenk mir Sënner deng Gnod!' ¹⁴ Ech soen iech: Hien ass als Gerechten heemgaang, deen aneren awer net. Well jiddereen,

deen sech selwer erhéicht, gëtt erofgesat; deen awer, deen sech selwer erofsetzt, gëtt erhéicht."

¹⁵ Dunn hunn d'Leit neigebuere Kanner bei de Jesus bruecht, fir datt hien si beréiere sollt. Wéi d'Jünger dat gesinn hunn, hunn si hinne Virwërf gemaach. ¹⁶ De Jesus awer huet si bei sech geruff a sot: „Loosst d'Kanner bei mech kommen, hënnert si net drun, well fir hiresgläichen ass dem Herrgott säi Räich. ¹⁷ Amen, ech soen iech: Wien dem Herrgott säi Räich net unhëlt wéi e Kand, dee kënnt ni an dat Räich eran."

¹⁸ Dunn huet ee vun deenen Ieweschten hie gefrot: „Gudde Meeschter, wat muss ech maachen, fir um éiwege Liewen deelzehunn?" ¹⁹ De Jesus sot zu him: „Firwat nenns du mech gutt? Keen ass gutt, et sief dann deen ee Gott! ²⁰ Du kenns jo d'Geboter: *Du solls net d'Bestietnes briechen, du solls keen doutmaachen, du solls net stielen, du solls keng falsch Zeienausso maachen, du solls däi Papp an deng Mamm an Éieren halen!*ᵃ" ²¹ De Mann awer huet geäntwert: „Un all dat hunn ech mech vu Jonktem u gehal." ²² Wéi de Jesus dat héieren huet, sot hien zu him: „Eppes geet dir nach of: Verkaf alles, wat s du hues, verdeel et un Aarmer, an du kriss e Schaz am Himmel. Da komm erëm a komm mir no!" ²³ Wéi de Mann dat héieren huet, ass hien déiftraureg ginn, well hien immens räich war.

²⁴ Wéi de Jesus hien [déiftraureg] gesinn huet, sot hien: „Wéi schwéier ass et fir déi, déi e grousst Verméigen hunn, an dem Herrgott säi Räich eranze-

kommen! 25 Et ass nämlech méi liicht fir e Kaméil, duerch d'Lach vun enger Nol ze kommen, wéi fir e Räichen, an dem Herrgott säi Räich eranzekommen." 26 Dunn hunn déi, déi dat héieren hunn, gesot: „A wie kann dann iwwerhaapt nach gerett ginn?" 27 Ma de Jesus sot: „Wat fir Mënschen onméiglech ass, dat ass méiglech fir den Herrgott."

28 Du sot de Péitrus: „Kuck, mir hunn dat zréck-gelooss, wat mir haten, a sinn dir nokomm." 29 De Jesus huet hinne geäntwert: „Amen, ech soen iech: Et gëtt keen, deen Haus, Fra, Gesëschter, Elteren oder Kanner wéinst dem Herrgott sengem Räich zréckléisst 30 an deen net an dëser Zäit ganz sécher dat Villfacht erëmkritt, an an där Welt, déi kënnt, dat éiwegt Liewen."

31 Hien huet déi Zwielef op d'Säit geholl a sot zu hinnen: „Kuckt, mir ginn elo op Jerusalem erop, an da geet all dat an Erfëllung, wat bei de Prophéiten iwwer de Mënschejong geschriwwe steet. 32 Hie gëtt dann nämlech un d'Heeden ausgeliwwert, hie gëtt verspott, hie gëtt gepéngegt an hie gëtt ugespaut. 33 Si gäisselen hien a maachen hien dout, ma deen drëtten Dag steet hien nees op." 34 Si awer hunn näischt vun all deem verstan, de Sënn vun dëse Wierder blouf hinne verbuergen, an si hunn net begraff, wat gesot gi war.

35 Wéi de Jesus an d'Géigend vu Jericho komm ass, souz e Blannen um Wee, deen amgaang war ze heeschen. 36 Wéi deen héieren huet, datt vill Leit

ënnerwee waren, huet hie gefrot, wat lass wär. [37] Si hunn him ugekënnegt, datt de Jesus vun Nazareth laanschtkomme géif. [38] Dunn huet hie geruff: „Jesus, Jong vum David, erbaarm dech menger!" [39] Déi, déi virgaang sinn, hunn hien ugebaupst, hie sollt de Mond halen; hien awer huet nach méi haart gejaut: „Jong vum David, erbaarm dech menger!" [40] De Jesus awer ass stoe bliwwen an huet den Uerder ginn, dee Blanne bei hien ze bréngen. Wéi hie méi no bei de Jesus komm ass, huet deen de Mann gefrot: [41] „Wat wëlls du, datt ech fir dech maachen?" Hien huet geäntwert: „Här, datt ech gesi kann!" [42] Du sot de Jesus zu him: „Du solls gesi kënnen! Däi Glaf huet dech gerett!" [43] Am selwechten Ament konnt hie gesinn, ass dem Jesus nogaang an huet den Herrgott verherrlecht. An d'ganzt Vollek, dat dat gesinn hat, huet den Herrgott gelueft.

---

a *Cf.* Ex 20,13-16.12 LXX; Dtn 5,17-20.16 LXXX.

19

[1] De Jesus ass zu Jericho ukomm an ass duerch d'Stad gaang. [2] Do gouf et e Mann, deen Zachäus geheescht huet; hie war den ieweschte Steierandreiwer, an hie war räich. [3] Hien huet probéiert, de Jesus ze gesinn, a wollt kucken, wien dat wär, ma well esou vill Leit do waren, ass et him net gegléckt – hie war nämlech kleng. [4] Dunn ass hie virgelaf an op e Molbierfigebam geklomm, fir de Jesus ze gesinn, well

deen do laanschtkomme sollt. ⁵ Wéi de Jesus op déi Plaz komm ass, huet hien eropgekuckt a sot zu him: „Zachäus, klamm séier erof! Haut muss ech an dengem Haus bleiwen.“ ⁶ Den Zachäus ass séier erofgeklomm an huet de Jesus voll Freed bei sech opgeholl. ⁷ Dunn hunn all déi, déi dat gesinn hunn, gegrommelt a soten: „Bei engem Sënner ass hien agekéiert!“ ⁸ Den Zachäus awer ass dohigetratt a sot zum Här: „Kuck, Här, d'Halschecht vu mengem Verméige ginn ech deenen Aarmen, a wann ech eppes vun engem erpresst hunn, da ginn ech him et véier-fach eröm.“ ⁹ De Jesus sot zu him: „Haut ass fir dëst Haus d'Rettung komm – och hien hei ass jo e Jong vum Abraham. ¹⁰ De Mënschejong ass nämlech komm, fir ze sichen an ze retten, wat verluer war.“

¹¹ Wéi si dat héieren hunn, huet de Jesus e Gläich-nes drugehaang, well hien no bei Jerusalem war, a well si geduecht hunn, dem Herrgott säi Räich géif direkt am selwechten Ament erschéngen. ¹² Hie sot: „E Mann aus enger héichgestallter Famill ass an e Land wäit ewech gereest, fir do Kinnek ze ginn an dann erëmzekommen. ¹³ Hien huet zéng vun sengen Dénger geruff, huet hinnen zéng Minneᵃ ginn a sot zu hinnen: ‚Schafft dermat, bis ech zréckkommen.‘ ¹⁴ Seng Bierger awer hunn hie gehaasst, an si hunn eng Delegatioun hanner him hiergeschéckt, déi gesot huet: ‚Mir wëllen net, datt deen do eise Kinnek gëtt!‘ ¹⁵ Wéi hien dunn awer als Kinnek erëmkomm ass, huet hien seng Dénger, deenen hien d'Sëlwermënz

ginn hat, ruffe gelooss, fir gewuer ze ginn, wat si dermat geschafft hätten. [16] Dunn ass deen éischte komm a sot: ‚Här, deng Minn huet der nach zéng méi abruecht.' [17] De Kinnek sot zu him: ‚All Respekt, du bass e gudden Dénger! Well s du am Klengsten zouverléisseg waars, dofir solls du Muecht iwwer zéng Stied kréien.' [18] Dunn ass deen zweete komm a sot: ‚Deng Minn, Här, huet der nach fënnef bruecht.' [19] De Kinnek sot zu him: ‚An du solls iwwer fënnef Stied stoen.' [20] Dunn ass nach en anere komm a sot: ‚Här, hei ass deng Minn, déi ech an engem Schweessduch versuergt hunn. [21] Ech hunn dech nämlech gefaart, well s du e strenge Mann bass. Du hiefs op, wat s du net abezuelt hues, an du hëls d'Rekolt eran, déi s du net geséit hues.' [22] De Kinnek sot zu him: ‚No dengen eegene Wierder riichten ech dech, du schlechten Dénger! Du wousst, datt ech e strenge Mann sinn, deen ophieft, wat hien net abezuelt huet, an deen d'Rekolt eranhëlt, déi hien net geséit huet? [23] Firwat hues du meng Sëlwermënz dann net op d'Bank bruecht? Wann ech zréckkomm wär, hätt ech se kë
nne mat Zënsen erëmkréien.' [24] An hie sot zu deenen, déi derbäi stoungen: ‚Huelt him d'Minn of a gitt se deem, deen déi zéng Minnen huet.' – [25] Si soten zum Kinnek: ‚Här, hien huet dach schonn zéng Minnen!' – [26] ‚Ech soen iech: All déi, déi eppes hunn, kréien nach derbäi; déi awer, déi näischt hunn, kréien och nach dat ewechgeholl, wat si hunn. [27] Wat meng Feinden hei awer ugeet, déi net wollten, datt ech hire Kinnek gi sollt – bréngt si heihinner an er-wiergt si viru mengen Aen!'"

²⁸ Nodeems de Jesus dat gesot hat, ass hie viru-gaang, erop op Jerusalem.

²⁹ Wéi hien an d'Géigend vu Bethphagee a vu Bethanie koum, bei de Bierg, deen Olivebierg ge-nannt gëtt, huet hien der zwéi vun de Jünger virge-schéckt ³⁰ a sot: „Gitt an d'Duerf vis-à-vis! Wann dir erakommt, fannt dir do en Ieselsfillen, dat ugestréckt ass an op deem nach ni e Mënsch souz. Maacht et lass a féiert et heihin! ³¹ A wann een iech freet: ‚Fir-wat maacht dir et lass?', dann äntwert einfach: ‚Den Här brauch et.'" ³² Déi zwéin, déi geschéckt gi wa-ren, hunn sech op de Wee gemaach, an si hunn alles esou fonnt, wéi hien hinnen et gesot hat. ³³ Wéi si d'Fille lassgemaach hunn, soten déi, deenen hiert et war: „Firwat maacht dir dat Fille lass?" ³⁴ Si hu geäntwert: „Den Här brauch et." ³⁵ Dunn hunn si et bei de Jesus gefouert. Nodeems si dem Fillen hir Kleeder op de Réck geworf haten, hunn si de Jesus drop gehuewen. ³⁶ Wéi hien do geridde komm ass, hu Leit hir Kleeder virun him op dem Wee ausge-breet. ³⁷ A wéi hie bis dohi komm ass, wou et den Olivebierg erofgeet, dunn hunn déi sëllege Jünger sech gefreet an ugefaang, den Herrgott wéinst all deene Wonner, déi si gesinn haten, haart ze luewen:

³⁸ *„Geseent sief deen, dee kënnt,*
  hie kënnt als Kinnek *am Här sengem Numm* [b]*!*

Am Himmel Fridden
an Herrlechkeet héich do uewen!"

[39] En etlecher vun de Pharisäer, déi an der Mënschewull waren, soten zu him: „Meeschter, stéier deng Jünger!" [40] Ma hien huet geäntwert: „Ech soen iech: Wann si hei de Mond halen, da jäizen d'Steng."

[41] Wéi de Jesus méi no komm ass an d'Stad gesinn huet, huet hien iwwer se gekrasch. [42] Hie sot: „Wann s du dach nëmmen och op dësem Dag erkannt häss, wat Fridde bréngt! Elo awer ass et virun dengen Ae verstoppt. [43] Et kommen nämlech Deeg iwwer dech, wou deng Feinden e Wall ëm dech opwerfen, dech akreesen an dech vun alle Säiten hier bedrängen. [44] Si maachen dech dem Äerdbuedem gläich, a gradesou deng Kanner, déi an dir sinn, an si loossen net ee Steen an dir op deem aneren, well s du d'Zäit net erkannt hues, wou [den Herrgott] bei dech komm ass."

[45] Hien ass an den Tempel eragaang an huet ugefaang, d'Händler erauszedreiwen. [46] Hie sot zu hinnen: „Et steet geschriwwen: *Mäin Haus soll en Haus vum Gebiet sinn.*ᶜ Dir awer hutt eng *Raiberhiel* ᵈ draus gemaach!"

[47] Hien huet all Dag d'Leit am Tempel geléiert. D'Hohepriister awer, d'Schrëftgeléiert an och déi Iewescht vum Vollek hu versicht, hien ëmzebréngen, [48] ma si hunn net erausfonnt, wéi si dat maache

kéinten. Dat ganzt Vollek huet nämlech un senge Lëpse gehaang, fir him nozelauschteren.

---

a Eng Minn hat de Wäert vun ongeféier 100 Sëlwer-mënzen.
b Ps 118,26.
c Is 56,7.
d Jer 7,11.

20 [1] Wéi de Jesus enges Daags d'Vollek am Tempel geléiert an d'Evangelium verkënnegt huet, sinn d'Hohepriister an d'Schrëftgeléiert mat deenen Eelsten dohikomm [2] a soten zu him: „So äis: Mat wat fir enger Autoritéit méchs du dat? Oder wien ass et, deen dir dës Autoritéit ginn huet?" [3] Hien huet hinne geäntwert: „Ech stellen iech och eng Fro. Sot mir: [4] Dem Johannes seng Daf, war se vum Himmel oder vun de Mënschen?" [5] Si hu bei sech iwwerluecht a gesot: „Wa mir äntweren: ‚Vum Himmel‘, da seet hien: ‚Firwat hutt dir him [dann] net gegleeft?‘. [6] Wa mir awer äntweren: ‚Vun de Mënschen‘, da stengegt dat ganzt Vollek äis. Et ass nämlech iwwerzeegt, datt de Johannes e Prophéit ass." [7] Dofir hunn si geäntwert, si wéissten net wouhier. [8] Du sot de Jesus zu hinnen: „Da soen ech iech och net, mat wat fir enger Autoritéit ech dat maachen."

[9] Duerno huet hien ugefaang, dem Vollek dëst Gläichnes z'erzielen: „E Mann huet e Wéngert uge-

planzt, huet en u Wënzer verpacht an ass fir eng laang Zäit an d'Friemd gaang. [10] Wéi et Zäit war, huet hien e Kniecht bei d'Wënzer geschéckt, fir datt si him vum Erdrag vum Wéngert gi sollten. D'Wënzer awer hunn de Kniecht zerschloen a mat eidelen Hänn fortgeschéckt. [11] De Mann ass virugefuer an huet en anere Kniecht geschéckt. Si hunn och dësen zerschloen, vernannt a mat eidelen Hänn fortgeschéckt. [12] Hien ass nach virugefuer an huet en drëtte geschéckt. Si hunn och dëse verwonnt an erausgehäit. [13] Du sot den Här vum Wéngert: ,Wat soll ech maachen? Ech schécken elo mäi Jong, deen ech gär hunn. Dee wäerten si jo uechten.' [14] Wéi d'Wënzer de Jong gesinn hunn, hunn si iwwerluecht an een zum anere gesot: ,Dat do ass den Ierwen. Loosse mer hien doutmaachen, fir datt d'Ierfschaft äis gehéiert!' [15] An si hunn hien aus dem Wéngert erausgehäit an doutgemaach. – Wat mécht elo den Här vum Wéngert mat hinnen? [16] Hie geet dohin, bréngt dës Wënzer ëm a gëtt aneren de Wéngert.''

Wéi si dat héieren hunn, soten si: ,,Dat do däerf ni geschéien!'' [17] De Jesus huet si ugekuckt a sot: ,,Wat bedeit et dann, wa geschriwwe steet: *De Steen, deen d'Steemetzer verworf hunn, ass den Eckstee ginn*[a]? [18] Jiddereen, deen op dëse Stee fält, dee fiert a Stécker, an op wien de Stee fält, dee gëtt zerquetscht.''

[19] D'Schréftgeléiert an d'Hohepriister hunn nach an därselwechter Stonn probéiert, Hand un hien ze leeën, ma si hunn d'Vollek gefaart. Si haten nämlech

erkannt, datt dëst Gläichnes sech géint si geriicht hat.[b]

[20] Si hunn hie genee am A behal an hu Spioune bei hie geschéckt, déi sech schäinhelleg fir gerecht ausginn hunn. Dës sollten hie mat enger Ausso erwëschen, mat där si hien der Muecht an der Autoritéit vum Gouverneur ausliwwere kéinten. [21] Si hunn hie gefrot: „Meeschter, mir wëssen, datt dat, wat s du sees a léiers, gruet ass, an datt s du net op d'Persoun kucks, ma datt s du d'Leit dem Herrgott säi Wee léiers, wéi e wierklech ass. [22] Ass et äis erlaabt, dem Keeser Steieren ze bezuelen, oder net?" [23] De Jesus awer huet hir Falschheet duerchkuckt a sot zu hinnen: [24] „Weist mir eng Sëlwermënz! Wiem säi Bild a wiem seng Opschrëft ass drop?" Si hu geäntwert: „Dem Keeser seng." [25] Du sot de Jesus zu hinnen: „Ma da gitt dem Keeser dat, wat dem Keeser zousteet, a gitt dem Herrgott dat, wat dem Herrgott zousteet!" [26] Esou konnten si hien net bei de Leit zou mat enger Ausso erwëschen. Si hunn sech iwwer seng Äntwert gewonnert an de Mond gehal.

[27] Vun de Sadduzäer, déi behaapten, et géif keng Operstéiung, sinn der dunn e puer bei de Jesus komm, an si hunn hie gefrot: [28] „Meeschter, de Moses huet äis virgeschriwwen: *Wann engem säi Brudder stierft*, deen eng Fra, awer *keng Kanner hat, da soll de Brudder déi Fra bei sech huelen an sengem Brudder Nokomme verschafen*[c]. [29] Nu waren do siwe Bridder. Deen éischten huet sech eng Fra geholl an ass gestuerwen,

ouni Kanner ze hunn. [30] Dunn huet deen zweeten [31] si bei sech geholl an duerno deen drëtten, a gradesou déi aner bis dee siwenten, an alleguer sinn si gestuerwen, ouni Kanner ze hannerloossen. [32] Zu gudder Lescht ass och d'Fra gestuerwen. [33] Wiem seng Fra gëtt si dann elo bei der Operstéiung? Si haten si jo alle siwe fir Fra!"

[34] Du sot de Jesus zu hinnen: „D'Kanner vun dëser Welt bestueden sech, an si gi bestuet; [35] déi awer, déi et fir wäert fonnt ginn, un där anerer Welt an un der Operstéiung vun den Doudegen deelzehuelen, déi bestueden sech dann net méi, an si ginn dann och net méi bestuet: [36] Si kënnen da jo och net méi stierwen, well si wéi Engele sinn, an si sinn, als Kanner vun der Operstéiung, Kanner vum Herrgott. [37] Datt awer déi Doudeg erwächt ginn, dat huet och de Moses gewise bei der Därenheck, wéi hien *de Gott vum Abraham, de Gott vum Isaak an de Gott vum Jakob* Här genannt huet. [38] Hien ass dach net e Gott vun Doudegen, ma vu Liewegen, well fir hie liewen si all."

[39] Dunn hunn der eng Rei vun de Schrëftgeléierte geäntwert: „Meeschter, dat do hues du gutt gesot." [40] A keen huet et méi gewot, hien nach eppes ze froen.

[41] Du sot hien zu hinnen: „Wéi kann ee behaapten, de Messias wär dem David säi Jong? [42] Den David selwer seet nämlech am Buch vun de Psalmen:

Den Här seet zu mengem Här:
Sëtz dech rietserhand vu mir,

⁴³ *bis datt ech dir deng Feinden*
ënner deng Féiss geluecht hunn.^e

⁴⁴ Den David nennt de Messias also ‚Här', wéi kann de Messias dann dem David säi Jong sinn?^f"

⁴⁵ Dat ganzt Vollek huet nogelauschtert, wéi hien zu senge Jünger sot: ⁴⁶ „Huelt iech an Uecht virun de Schrëftgeléierten! Si weisen sech gär a prächtege Ge-wänner an hunn et gär, wann si op de Maartplaze gegréisst ginn. Si hu gär déi éischt Plazen an de Syna-gogen an d'Éiereplaze bei Dësch. ⁴⁷ Si friessen de Witfraen hir Haiser op, an si ginn sech no baussen, wéi wann si laang biede géifen. Ëmsou méi en haart Uertel gëtt eng Kéier iwwer si gesprach."

---

^a Ps 118,22.
^b Wuertwiertlech: datt hien dëst Gläichnes géint si erzielt hat.
^c Dtn 25,5.
^d Ex 3,6.
^e Ps 110,1.
^f Wuertwiertlech: Den David nennt hien also ‚Här', wéi kann hien da säin Jong sinn?

21

¹ Wéi de Jesus opgekuckt huet, huet hie gesinn, wéi déi Räich hir Gowen an den Afferstack gehäit hunn. ² Hien huet och eng aarm Witfra gesinn, déi zwéin Zantimm^a dragehäit huet. ³ Du sot hien: „Wierklech, ech soen iech: Dës aarm Witfra huet méi dragehäit wéi all déi aner, ⁴ well si hei hunn all vun

hirem Iwwerfloss bei d'Gowen [an den Afferstack]
gehäit, d'Fra awer huet vun deem Wéinegen, wat si
hat, alles dragehäit – hire ganze Liewesënnerhalt."

5 Wéi der en etlech iwwer den Tempel rieds
haten, datt e mat schéine Steng a mat Votivge-
schenker gerëscht wär, sot de Jesus: 6 „Et kommen
Deeg, wou vun all deem, wat dir hei gesitt, net ee
Steen op deem anere gelooss gëtt, an et ass kee Steen
do, deen net och nach a Stécker geha géif!"

7 Dunn hunn si hie gefrot: „Meeschter, wéini soll
dat da geschéien, an u wat fir engem Zeeche gesäit
een, datt et ufänkt?" 8 Hie sot: „Dot uecht, datt dir
net verféiert gitt! Et kommen der nämlech vill a
mengem Numm, déi soen: ‚Ech sinn et!' an: ‚D'Zäit
ass komm!' Laaft hinnen net no! 9 A wann dir vu
Kricher an Opstänn héiert, dann erféiert net! Well
dat alles muss fir d'éischt geschéien, ma d'Enn kënnt
nach net direkt."

10 Du sot hien zu hinnen: „Si ginn all géinteneen:
Vollek géint Vollek a Kinnekräich géint Kinnekräich;
11 et komme schwéier Äerdbiewen, an op ville Plaze
gëtt et Hongersnéit an Epidemien; et geschéie fierch-
terlech Saachen, a vum Himmel komme grouss Zee-
chen.

12 Virun all deem awer leeën si Hand un iech a
verfollegen iech, si liwweren iech un d'Synagogen
aus a geheien iech an de Prisong, si schleefen iech
viru Kinneken a Gouverneuren, an [dat alles] wéinst
mengem Numm. 13 Deen Ament hutt dir Geleeën-

heet, Zeegnes ze ginn. ¹⁴ Huelt iech zu Häerz, datt dir iech am Viraus keng Gedanke fir är Verdeedegung ze maache braucht. ¹⁵ Ech selwer ginn iech nämlech Wierder a Weisheet, deene kee vun äre Géigner widderstoen oder widdersprieche kann. ¹⁶ Esouguer vun Elteren a Gesëschter, vu Famill a Frënn gitt dir ausgeliwwert; si maachen der eng Rei vun iech dout, ¹⁷ an dir gitt vun en all gehaasst wéinst mengem Numm. ¹⁸ Ma dir kënnt es sécher sinn: Et geet net emol een Hoer vun ärem Kapp verluer. ¹⁹ Wann dir duerhaalt, kritt dir d'Liewen.

²⁰ Wann dir awer gesitt, datt Jerusalem vun Arméien agekreest ass, dann erkennt, datt et geschwënn dem Äerdbuedem gläichgemaach gëtt. ²¹ Da sollen déi, déi a Judäa sinn, an d'Bierger fortlafen; déi, déi matzen an der Stad sinn, sollen sech ewechmaachen, an déi, déi an den Dierfer sinn, sollen net an d'Stad eragoen. ²² Well dat sinn Deeg vun der Vergeltung, wou alles erfëllt gëtt, wat geschriwwe steet. ²³ Gare deene [Fraen] hirer, déi dann an aneren Ëmstänn sinn oder déi an deenen Deeg nieren! Dann ass nämlech grousst Leed am Land a Roserei géint dëst Vollek. ²⁴ Si falen duerch d'Schneid vum Schwäert, si ginn als Gefaangener bei all Vëlleker verschleeft, a Jerusalem gëtt vun den Heede mat de Féiss zertrueden, bis d'Zäite vun den Heeden erfëllt sinn.

²⁵ Et geschéien och Zeechen u Sonn, Mound a Stären, an op der Äerd kënnt Angscht iwwer d'Vëlleker: Si wëssen hirer Hänn kee Rot méi, wann d'Mier

schaimt an d'Welle rosen. ²⁶ Iwwerdeems wou d'Mën-
schen op all dat waarden, wat nach op d'Welt duer-
kënnt, färten si sech zu Doud, well *d'Himmelskräfte*ᵇ
ginn ziddere gedoen. ²⁷ An da gesinn si *de Mënsche-
jong*, dee mat vill Kraaft an Herrlechkeet *op enger
Wollek kënnt*. ²⁸ Wann dat alles awer ufänkt ze ge-
schéien, da rüicht iech op an hieft de Kapp, well är
Erléisung ass um Kommen!"

²⁹ An hien huet hinnen e Gläichnes erzielt: „Kuckt
de Figebam an d'Beem alleguer: ³⁰ Wann dir gesitt,
datt si ausschéissen, erkennt dir vum selwen, datt et
gläich Summer gëtt. ³¹ Esou och fir iech: Wann dir
gesitt, datt dat do geschitt, dann erkennt, datt dem
Herrgott säi Räich gläich do ass. ³² Amen, ech soen
iech: Dës Generatioun vergeet net, bis alles geschitt
ass. ³³ Himmel an Äerd verginn, meng Wierder awer
verginn net!

³⁴ Huelt iech awer an Uecht, datt är Häerzer net
duerch Dusel a Soff an d'Suerge vum Alldag be-
laascht sinn, an datt deen Dag net stënterlech iwwer
iech kënnt ³⁵ wéi eng Schléng; e kënnt nämlech op
alleguer d'Mënschen duer, egal wou si och op der
Äerd wunnen. ³⁶ Bleift waakreg a biet déi ganzen
Zäit, datt dir all deem, wat elo schonn ufänkt, ent-
goen an da virun de Mënschejong triede kënnt!"

³⁷ Daagsiwwer huet de Jesus am Tempel d'Leit ge-
léiert, nuets awer ass hien erausgaang an ass d'Nuecht
iwwer um Bierg bliwwen, deen Olivebierg genannt

gëtt. [38] Dat ganzt Vollek ass muerges fréi bei hie komm, fir him am Hellegtum nozelauschteren.

---

[a] Wuertwiertlech: zwee Lepta. Ee Lepton war en halwe Quadrans a war déi klengst jüddesch Mënz.
[b] Is 34,4.
[c] Dan 7,13f.

22

[1] D'Fest vum Matesbrout, Pessach genannt, war nobäi. [2] D'Hohepriister an d'Schrëftgeléiert hu gesicht, wéi si de Jesus ëmbrénge kéinten; well si hunn d'Vollek gefaart.

[3] De Satan awer ass an de Judas eragefuer, deen Iskariot genannt gouf an ee vun deenen Zwielef war. [4] Dësen ass fortgaang, fir mat den Hohepriister an den Haaptleit vun der Tempelgarde driwwer ze schwätzen, wéi hien hinnen de Jesus ausliwwere kéint. [5] Si hunn sech gefreet an sech mat him eens gemaach, him Suen derfir ze ginn. [6] De Judas war averstan an huet eng Geleeënheet gesicht, fir hinnen de Jesus auszeliwweren, ouni datt d'Vollek et matkréich[a].

[7] Du koum den Dag vum Matesbrout, op deem d'Pessach-Lamm geschluecht gi muss. [8] De Jesus huet de Péitrus an de Johannes virgeschéckt a sot: „Gitt a bereet d'Pessach fir äis vir, esou datt mir iesse kënnen." [9] Si hunn hie gefrot: „Wou wëlls du, datt mir et virbereeden?" [10] Hien huet hinne geänt-

wert: „Kuckt, wann dir an d'Stad eragitt, kënnt iech e Mann entgéint, deen en äerde Krou mat Waasser dréit. Gitt him no an dat Haus, an dat hien erageet, [11] a sot dann zu deem Haushär: ‚De Meeschter léisst dir soen: Wou ass de Sall, an deem ech d'Pessach mat menge Jünger iesse soll?' [12] Hie weist iech dann e grousst Zëmmer uewenop, dat mat Kёssen ausgeluecht ass. Bereet et do vir!" [13] D'Jünger si fortgaang an hunn [alles esou] fonnt, wéi hien hinnen et gesot hat, an si hunn d'Pessach-Iesse virbereet.

[14] Wéi d'Stonn komm war, huet de Jesus sech un den Dёsch gesat, an d'Apostele mat him. [15] Hie sot zu hinnen: „Wat hunn ech derno verlaangert, dёst Pessach nach mat iech z'iessen, éier ech leide muss. [16] Well ech soen iech: Ech iessen et net méi, bis et seng Erfёllung fёnnt am Herrgott sengem Räich." [17] Dunn huet hien e Kielech geholl an dem Herrgott merci gesot, an hie sot: „Huelt en an deelt ёnner iech! [18] Well ech soen iech: Vun elo un drénken ech net méi vum Drauwestack senger Fruucht, bis dem Herrgott säi Räich kёnnt." [19] An hien huet Brout geholl an dem Herrgott merci gesot; hien huet et gebrach, hinnen et ginn a gesot: „Dat hei ass mäi Läif, dee fir iech hiergi gёtt. Maacht dёst, fir menger ze gedenken!" [20] Gradesou huet hien nom Iessen de Kielech geholl a gesot: „Dёse Kielech ass deen neie Bond a mengem Blutt, dat fir iech vergoss gёtt.

[21] Ma kuckt, deejéinegen, dee mech ausliwwert, sёtzt mat mir um Dёsch.[b] [22] De Mёnschejong muss

zwar dee Wee goen, dee fir hie bestëmmt ass, ma gare deem senger, duerch deen hien ausgeliwwert gëtt!" 23 Dunn hunn si ugefaang, ënnereneen driwwer ze schwätzen, wie vun hinnen et wär, deen esou eppes maache géif.

24 Dueropshin ass ënner hinnen e Sträit driwwer opkomm, wie vun hinne fir dee Gréissten ze hale wär. 25 De Jesus sot zu hinnen: „D'Kinneke gebidden iwwer hir Vëlleker, an déijéineg, déi Muecht iwwer d'Vëlleker hunn, loossen sech ,Wohltäter' nennen. 26 Dir awer sollt net esou sinn! Dee Gréissten ënner iech soll ginn ewéi dee Jéngsten, an deen, deen d'Soen huet, soll ginn ewéi deen, deen déngt. 27 Well wien ass méi grouss: deen, deen um Dësch sëtzt, oder deen, dee bedéngt? Ass et net deen, deen um Dësch sëtzt? Ech awer sinn ënner iech wéi een, deen déngt.

28 Dir sidd déijéineg, déi mat mir ausgehalen hunn, wéi ech op d'Prouf gestallt gi sinn. 29 Esou wéi mäi Papp d'Räich fir mech bestëmmt huet, esou bestëmmen och ech fir iech, 30 datt dir a mengem Räich u mengem Dësch iesst an drénkt, an datt dir op engem Troun sëtzt an iwwer déi zwielef Stämm vun Israel Geriicht haalt.

31 Simon, Simon, kuck, de Satan huet sech iech gefrot, fir iech wéi Weess siften ze kënnen. 32 Ech hu fir dech gebiet, fir datt däi Glaf net verluer geet, a wann s du d'Kéier kritt hues, da stäerk du deng Bridder!" 33 De Simon sot zu him: „Här, ech si be-

reet, mat dir an de Prisong ze goen an esouguer an den Doud!" ³⁴ De Jesus huet him geäntwert: „Ech soen dir, Péitrus, den Hunn huet haut nach net gekréit, dann hues du schonn dräimol geleegent, mech ze kennen!"

³⁵ Du sot hien zu hinnen: „Wéi ech iech ouni Geldbeidel, Kuuschtesak a Sandalen erausgeschéckt hunn, huet et iech dunn un iergendeppes gefeelt?" Si soten: „Neen, un näischt." ³⁶ Dueropshi sot hien zu hinnen: „Elo awer soll deejéinegen, deen e Geldbeidel huet, deen huelen – a gradesou och de Kuuschtesak –, a wie keen huet, dee soll säi Mantel verkafen an sech e Schwäert uschafen! ³⁷ Ech soen iech nämlech dat heiten: Dat, wat geschriwwe steet, muss u mir erfëllt ginn: *Hien ass zu de Verbriecher gezielt ginn.*^c Esou geet dat an Erfëllung, wat fir mech bestëmmt ass." ³⁸ Si soten: „Här, kuck, hei sinn zwee Schwäerter!" Hien awer sot zu hinnen: „Et geet duer."

³⁹ Dunn ass hien erausgaang, an esou wéi et seng Gewunnecht war, goung hien op den Olivebierg. D'Jünger sinn him nogaang. ⁴⁰ Wéi si do ukomm sinn, sot hien zu hinnen: „Biet, fir net a Versuchung ze geroden!" ⁴¹ Hien ass ongeféier esou wäit vun hinnen ewechgaang, wéi een e Stee geheie kann; do huet hien sech geknéit, an hien huet gebiet: ⁴² „Papp, wann s du wëlls, dann huel dëse Kielech vu mir ewech! Awer net mäin, ma däi Wëll soll geschéien." [⁴³ En Engel vum Himmel ass him erschéngen an huet hie gestäerkt. ⁴⁴ Wéi hie vun Doudangscht ge-

paakt gouf, huet hien ëmmer méi ugespaant gebiet, an säi Schweess war ewéi Bluttdrëpsen, déi op de Buedem gefall sinn.] ⁴⁵ Wéi hie vum Gebiet opgestan ass a bei d'Jünger koum, ware si vun elauter Trauregkeet enttompt. ⁴⁶ Du sot hien zu hinnen: „Wéi kënnt dir schlofen?! Stitt op a biet, fir datt dir net a Versuchung gerot!"

⁴⁷ Hie war nach amgaang ze schwätzen, wéi eng Häerd Leit dohi komm sinn. De Judas, ee vun deenen Zwielef, war un hirer Spëtzt an ass op de Jesus duergaang, fir him e Kuss ze ginn. ⁴⁸ De Jesus awer sot zu him: „Judas, mat engem Kuss liwwers du de Mënschejong aus?" ⁴⁹ Wéi déi, déi ronderëm de Jesus waren, gesinn hunn, wat geschéie géif, soten si: „Här, solle mir mam Schwäert draschloen?" ⁵⁰ An ee vun hinnen huet op dem Hohepriister säi Kniecht lassgeschloen an him dat riets Ouer erofgeha. ⁵¹ De Jesus awer huet geäntwert: „Haalt op, 't ass däers elo genuch!" An hien huet d'Ouer beréiert an de Mann geheelt.

⁵² Zu deenen, déi géint hien ausgeréckt waren, dat heescht den Hohepriister, den Haaptleit vun der Tempelgarde an den Eelsten, sot de Jesus: „Wéi géint e Raiber sidd dir mat Schwäerter a Knëppele lassgezunn? ⁵³ Dag fir Dag war ech bei iech am Tempel, an dir hutt d'Hand net géint mech ausgestreckt. Dat hei awer ass är Stonn, an d'Däischtert huet elo d'Muecht."

[54] Si hunn hie gefaange gehol, ofgefouert an an dem Hohepriister säin Haus bruecht. De Péitrus ass hinne vu Wäitem nogaang. [55] Wéi si e Feier an der Mëtt vum Haff ugefaang an sech derbäi gesat hunn, huet de Péitrus sech matzen ënner si gesat. [56] Eng Mod huet hien am Schäi vum Feier sëtze gesinn; si huet sech hie genee ugekuckt a sot: „Deen dote war och mat him zesummen!" [57] Ma hien huet et geleegent a sot: „Fra, ech kennen hien net!" [58] Kuerz drop huet en aneren hie gesinn a sot: „Du bass och ee vun hinnen!" De Péitrus awer sot: „Neen, Mënsch, ech net!" [59] Ongeféier eng Stonn drop huet nees en aneren sech drugehal: „Et ass wouer, deen dote war och mat him zesummen; hien ass jo och e Galiläer!" [60] De Péitrus awer sot: „Mënsch, ech weess net, vu wat s du schwätz!" An deem Ament, wéi hien nach amgaang war ze schwätzen, huet en Hunn gekréit. [61] Den Här huet sech ëmgedréit an de Péitrus bekuckt. Dunn huet de Péitrus sech drun erënnert, datt den Här zu him gesot hat: „Éier den Hunn haut kréit, verleegens du mech dräimol." [62] An hien ass erausgaang an huet batter Tréine gekrasch.

[63] Déi Männer, déi de Jesus bewaacht hunn, hunn de Spott mat him gedriwwen; si hunn hie geschloen, [64] him d'Ae verbonnen an hien da gefrot: „Dajee, du Prophéit, wien huet dech geschloen?" [65] Mat nach villen anere Wierder hunn si hie gelästert.

[66] Wéi et Dag ginn ass, sinn déi Eelst vum Vollek, d'Hohepriister an och d'Schrëftgeléiert zesumme-

komm an hunn de Jesus virun hire Sanhedrin ge-
fouert. [67] Si soten: „Wann s du de Messias bass, da
so äis et!" Hien huet hinne geäntwert: „Och wann
ech iech et soen, gleeft dir jo dach net! [68] A wann ech
eppes froen, äntwert dir jo och net! [69] Vun elo un
awer sëtzt de Mënschejong op där rietser Säit vun
deem staarke Gott." [70] Du soten si alleguer: „Da bass
du also dem Herrgott säi Jong?" Hien huet hinne
geäntwert: „Dir sot, datt ech et sinn." [71] Si awer so-
ten: „Wat brauche mir nach Zeienaussoen? Mir hunn
et jo elo selwer aus sengem eegene Mond héieren!"

---

[a] Wuertwiertlech: ouni d'Vollek.
[b] Wuertwiertlech: Ma kuckt, d'Hand vun deem, dee mech
ausliwwert, mat mir um Dësch.
[c] Is 53,12.

23

[1] Dueropshi sinn si alleguer mateneen opge-
stan an hunn de Jesus bei de Pilatus gefouert.

[2] Si hunn ugefaang, hien unzekloen, a soten:
„Deen hei hu mir erwëscht, wéi hien eist Vollek ier-
gefouert huet, wéi hien et dru gehënnert huet, dem
Keeser Steieren ze bezuelen, a wéi hie gesot huet, hie
wär selwer Messias a Kinnek." [3] De Pilatus huet hie
gefrot: „Bass du de Kinnek vun de Judden?" De Je-
sus huet him geäntwert: „Du sees et." [4] Du sot de
Pilatus zu den Hohepriister an zu deene ville Leit,
déi do waren: „Ech fanne keng Schold bei dësem

Mënsch." [5] Si awer hunn sech drugehal a soten: „Hie stëppelt d'Vollek op mat deem, wat hien d'Leit am ganze Juddeland léiert, ugefaang vu Galiläa bis hei-hinner."

[6] Wéi de Pilatus dat héieren huet, huet hie gefrot, ob de Mann e Galiläer wär, [7] a wéi hie gewuer ginn ass, datt de Jesus dem Herodes senger Autoritéit ënnerstallt wär, huet hien hie bei den Herodes ge-schéckt, deen an deenen Deeg selwer zu Jerusalem war.

[8] Den Herodes huet sech gefreet, wéi hien de Jesus gesinn huet. Hie wollt hie scho laang eng Kéier gesinn, well hie vun him héieren hat an elo gehofft huet, datt de Jesus bei him zou en Zeeche wierke géif. [9] Hien huet hien des Laangen an des Breeden ausgefrot, ma de Jesus huet him näischt geäntwert. [10] D'Hohepriister an d'Schrëftgeléiert awer stoungen do an hunn sech an den Äifer geriet, fir de Jesus un-zekloen. [11] Zesumme mat sengen Zaldoten huet den Herodes dem Jesus seng Veruechtung ze spicre ginn, de Spott mat him gedriwwen an him e prachtvollt Kleed ugedoen; duerno huet hien de Jesus hannescht bei de Pilatus geschéckt. [12] Deen Dag sinn den Hero-des an de Pilatus Frënn ginn; virdru waren si Feinde gewiescht.

[13] De Pilatus huet d'Hohepriister, déi Iewescht an d'Vollek zesummegeruff [14] a sot zu hinnen: „Dir hutt mir dëse Mënsch heihinner bruecht wéi een, deen d'Vollek ierféiert. Ma kuckt, ech hunn d'Saach bei

iech zou ënnersicht, an ech fannen dee Mënsch hei net schëlleg an deem, wuerwéinst dir hien uklot. 15 Och den Herodes huet näischt fonnt, well hien huet äis hien zréckgeschéckt. Kuckt, hien huet näischt gemaach, wat den Doud verdénge géif. 16 Ech loossen hien also just gäisselen, an duerno loossen ech hie fräi." [17] 18 Dunn hunn si all matenee gejaut: „Fort mat him! Looss äis de Barabbas fräi!" 19 – De Barabbas war e Mann, dee wéinst enger Rebellioun an der Stad a wéinst Muerd an de Prisong gehäit gi war. – 20 Nees eng Kéier huet de Pilatus hinnen zougeruff, hie wéilt de Jesus fräiloossen. 21 Si awer hunn sech drugehal mat Bierelen: „Looss hie kräizegen, looss hie kräizegen!" 22 Eng drëtte Kéier sot de Pilatus zu hinnen: „Wat huet hien da Schlechtes gemaach? Ech fanne kee Grond, fir hien zum Doud ze veruerteelen. Ech loossen hien also just gäisselen, an duerno loossen ech hie fräi." 23 Si awer hunn dem Pilatus zougesat mat hirem haarde Gebrëlls an hu gefuerdert, hie sollt de Jesus kräizege loossen. A mat deem Gebrëlls hunn si sech duerchgesat.

24 De Pilatus huet beschloss, datt et esou geschéie sollt, wéi si et gefuerdert haten. 25 Hien huet deejéinege fräigelooss, dee wéinst Rebellioun a Muerd an de Prisong gehäit gi war an deen si sech gefrot haten; de Jesus awer huet hien ausgeliwwert, esou wéi si et wollten.

26 Wéi d'Zaldoten de Jesus fortgefouert hunn, hunn si e gewësse Simon vun Zyrene geholl, dee

grad vum Feld koum, an si hunn deem d'Kräiz opge-
lueden, fir datt hien dem Jesus et nodroe sollt.

²⁷ Vill Leit aus dem Vollek sinn dem Jesus no-
gaang. Och Frae waren derbäi, déi sech un d'Broscht
geschloen an ëm hie gejéimert hunn. ²⁸ De Jesus huet
sech zu hinne gedréit a sot: „Dir Duechtere vu Jeru-
salem, kräischt net wéinst menger; kräischt léiwer
wéinst ärer a wéinst äre Kanner! ²⁹ Well kuckt, et
kommen Deeg, do gëtt gesot: ‚Glécklech déi Fra, déi
keng Kanner kréie kann, dee Schouss, deen net ge-
buer huet, an déi Broscht, déi net geniert huet!' ³⁰ An
et gëtt dann *zu de Bierger gesot: ‚Faalt op äis!', an zu den
Himmelen: ‚Deckt äis zou!'*ᵃ ³¹ Wann et schonn deem
gréngen Holz esou geet, wat geschitt dann eréischt
mat deem dieren?"

³² Et sinn och zwéi Verbriecher dohi gefouert
ginn, fir mat dem Jesus higeriicht ze ginn.

³³ Wéi si op déi Plaz koumen, déi Doudekapp ge-
nannt gëtt, hunn si de Jesus an d'Verbriecher do ge-
kräizegt, deen een op senger rietser an deen aneren
op senger lénkser Säit. [³⁴ De Jesus awer sot: „Papp,
verzei hinnen, well si wëssen net, wat si maachen!"]
*An si hunn seng Kleeder ënner sech opgedeelt, andeems si
d'Lous gezunn hunn.*ᵇ

³⁵ D'Vollek stoung do nozekucken. Och déi Ie-
wescht vum Vollek hunn hien ausgelaacht a soten:
„Anerer huet hie gerett, da soll hien elo sech selwer
retten, wann hien de Messias ass, dee vum Herrgott
auserwielt gouf!" ³⁶ D'Zaldoten, déi komm sinn, fir

him Esseg ze bréngen, hu gradesou de Spott mat him gemaach [37] a gesot: „Wann s du de Kinnek vun de Judde bass, da rett dech selwer!" [38] Iwwer him houng e Schëld: Dat hei ass de Kinnek vun de Judden.

[39] Ee vun de Verbriecher, déi mat him gekräizegt gi waren, huet hie gelästert a gesot: „Bass du dann net de Messias? Da rett dech selwer an och äis!" [40] Deen aneren awer huet dësem Virwërf gemaach a geäntwert: „Net emol elo fäerts du den Herrgott, wou dech dach datselwecht Uertel getraff huet? [41] A mat Recht, wat äis ugeet, well dat, wat mir kréien, entsprécht deem, wat mir gemaach hunn. Deen do awer huet näischt gemaach, wat een net soll." [42] An hie sot: „Jesus, denk u mech, wann s du an däi Räich kënns!" [43] Du sot de Jesus zu him: „Amen, ech soen dir: Haut nach bass du mat mir am Paradäis."

[44] Et war schonn ëm déi sechst Stonn, dunn ass et am ganze Land däischter ginn – bis déi néngt Stonn, [45] well d'Sonn sech verdäischtert huet. De Riddo vum Tempel ass an der Mëtt duerchgerass. [46] De Jesus huet haart geruff: „Papp, *an deng Hänn leeën ech mäi Geescht* [c] *!"* No dëse Wierder ass hie verscheet.

[47] Wéi de Centurio gesinn huet, wat geschitt ass, huet hien den Herrgott gelueft a sot: „Wierklech, deen dote Mënsch war gerecht!" [48] An all déi Leit, déi fir dëse Spektakel dohi komm waren a gesinn hunn, wat

geschitt ass, hunn sech un d'Broscht geschloen, wéi si heemgoungen.

⁴⁹ Méi wäit ewech stoungen all seng Bekannten an och d'Fraen, déi him vu Galiläa aus nogaang waren. Si hunn alles gesinn.

⁵⁰ Et gouf deemools e Mann, dee Jouseph geheescht huet, e Member vum Sanhedrin; hie war e gudden an e gerechte Mann – ⁵¹ mat deenen aneren hirer Entscheedung an hirer Handlungsweis war hien net averstane gewiescht –, an hien huet op Arimathäa héieren, eng vun de Judden hire Stied. Dëse Jouseph huet op dem Herrgott säi Räich gewaart. ⁵² Hien ass elo bei de Pilatus gaang an huet dem Jesus seng Läich gefrot. ⁵³ Nodeems hien se erofgeholl hat, huet hien se an e léngen Duch agewéckelt an se an e Fielsegraf geluecht, wou nach keen dra geleeën hat. ⁵⁴ Et war de Virbereedungsdag, just éier de Sabbat ufänke sollt.

⁵⁵ D'Fraen, déi vu Galiläa aus mat dem Jesus komm waren, sinn dem Jouseph nogaang; si hunn d'Graf gekuckt a wéi d'Läich drageluecht ginn ass. ⁵⁶ Du sinn si heemgaang an hunn do Essenzen a Salefe preparéiert. Um Sabbat awer hunn si gerout, esou wéi et Virschrëft war.

ᵃ Hos 10,8.
ᵇ Ps 22,19.
ᶜ Ps 31,6.

24 [1] Deen éischten Dag vun der Woch, an aller Herrgottsfréi, sinn d'Frae bei d'Graf gaang an hunn d'Essenze matgeholl, déi si preparéiert haten. [2] Si hu gesinn, datt de Stee vum Graf ewechgerullt gi war, [3] a wéi si eragaang sinn, hunn si dem Jesus, dem Här, säi Läif net fonnt. [4] Wéi si do stoungen an hirer Hänn kee Rot méi woussten, koumen zwéi Männer a glënnerege Kleeder op si duer. [5] Si hunn et mat der Angscht ze doe kritt an hunn an de Buedem gekuckt; déi zwéi Männer awer soten zu hinnen: „Firwat sicht dir dee Liewege bei deenen Doudegen? [6] Hien ass net hei, hien ass aus dem Doud erwächt ginn! Erënnert iech drun, wat hien iech gesot hat, wéi hien nach a Galiläa war: [7] De Mënschejong muss u sënneg Mënschen ausgeliwwert a gekräizegt ginn an deen drëtten Dag operstoen." [8] Dunn hunn d'Fraen sech un seng Wierder erënnert.

[9] Wéi si vum Graf zréckkomm sinn, hunn si deenen Eelef an deenen aneren alles erzielt. [10] Déi, déi den Apostelen dat gesot hunn, waren d'Maria vu Magdala, d'Johanna an d'Maria, dem Jakobus seng Mamm, an och déi aner, déi bei hinne waren. [11] Ma hir Wierder sinn deene virkomm wéi dommt Geschwätz, an si hunn de Fraen net gegleeft. [12] De Péitrus awer ass opgestan an ass bei d'Graf gelaf; hien huet sech eragebéckt an huet soss näischt gesi wéi d'léngen Dicher. Dunn ass hien heemgaang, verwonnert iwwer dat, wat geschitt war.

[13] Zwéi vun de Jünger waren deeselwechten Dag ënnerwee an en Duerf, dat 60 Stadie[a] vu Jerusalem ewech läit an Emmaus heescht. [14] Si hunn ënner sech iwwer all dat geschwat, wat geschitt war. [15] Wéi si matenee geschwat an diskutéiert hunn, ass de Jesus selwer op si duerkomm a mat hinne virugaang. [16] Ma hir Ae ware wéi blann, esou datt si hien net erkenne konnten. [17] Hien awer sot zu hinnen: „Wat sinn dat fir Saachen, iwwer déi dir ënnerwee matenee geschwat hutt?" Du sinn si traureg stoe bliwwen. [18] Ee vun hinnen, dee Kleopas geheescht huet, huet him geäntwert: „Bass du dann deen Eenzegen, deen zu Jerusalem wunnt an net weess, wat an dësen Deeg hei geschitt ass?" [19] Hie sot zu hinnen: „Wat dann?" Si soten: „Dat mat dem Jesus vun Nazareth. Hie war e Prophéit an huet virum Herrgott an dem ganze Vollek grouss Saache gemaach a gesot. [20] Eis Hohe-priister an déi Iewescht vun eisem Vollek hunn hien ausgeliwwert, fir datt hien zum Doud veruerteelt géif ginn, an si hunn hie gekräizegt. [21] Mir awer hate gehofft, hie wär deen, deen Israel erléise géif, ma et ass haut schonn deen drëtten Dag, zënter datt dat geschitt ass. [22] Et kënnt elo nach derbäi, datt e puer vun eise Fraen äis ganz doruechter gemaach hunn: De Muerge fréi waren si beim Graf, [23] ma si hunn säi Läif net fonnt. Du sinn si komm an hu behaapt, si hätten eng Erscheinung vun Engele gehat, déi soten, hie géif liewen. [24] E puer vun deenen, déi bei äis waren, sinn dueropshin och bei d'Graf gaang, an si

hunn alles esou fonnt, wéi d'Fraen et gesot haten; hien awer hunn si net gesinn." 25 Du sot de Jesus zu hinnen: „O, wat sidd dir schwéier vu Begrëff an zéi, fir all dat an ärem Häerz ze gleewen, wat d'Prophéite gesot hunn! 26 Huet net de Christus misse leiden an dann an seng Herrlechkeet agoen?" 27 An ugefaang mat dem Moses a mat alle Prophéiten huet hien hinnen duergeluecht, wat an alleguer de Schrëften iwwer hie steet.

28 Esou sinn si an d'Duerf komm, wouhin si ënnerwee waren, an de Jesus huet gemaach, wéi wann hie weidergoe wéilt. 29 Dunn hunn si hie ge- dirängelt a soten: „Bleif bei äis, well et gëtt esou lues Owend, den Dag geet op en Enn!" Dueropshin ass hie mat eragaang a bei hinne bliwwen. 30 Wéi hie mat hinne bei Dësch war, huet hien d'Brout geholl an den Herrgott gelueft, hien huet et gebrach an hinnen et ginn. 31 Du sinn hinnen d'Aen opgaang, an si hunn hien erkannt; hien awer huet sech hire Blécker ent- zunn. 32 An si soten een zum aneren: „Huet net eist Häerz gebrannt, wéi hien ënnerwee mat äis geschwat huet a wéi hien äis d'Schrëft duergeluecht huet?"

33 Déiselwecht Stonn nach hunn si sech op de Wee gemaach a sinn hannescht op Jerusalem gaang, wou si déi Eelef an och nach anerer beienee fonnt hunn. 34 Dës soten: „Den Här ass wierklech oper- stan, an hien ass dem Simon erschéngen!" 35 Dunn hunn och si erzielt, wat hinnen ënnerwee geschitt

war, a wéi hien sech ze erkenne ginn huet, andeems hien d'Brout gebrach huet.

36 Iwwerdeems si dat erzielt hunn, huet de Jesus sech an hir Mëtt gestallt a sot zu hinnen: „Fridde sief mat iech!" 37 Si sinn erféiert an hunn et mat der Angscht ze doe kritt, well si gemengt hunn, si géifen e Geescht gesinn. 38 Du sot hien zu hinnen: „Firwat sidd dir an enger Oprou, a firwat maacht dir iech esou vill Gedanken an ärem Häerz? 39 Kuckt meng Hänn a meng Féiss: Ech sinn et wierklech! Paakt mech un a kuckt: E Geescht huet dach net Fleesch a Schanken, wéi dir et bei mir gesitt!" 40 Nodeems hien dat gesot hat, huet hien hinnen seng Hänn an seng Féiss gewisen. 41 Wéi si et awer bei aller Freed nach ëmmer net gleewe konnten an sech gewonnert hunn, sot hien zu hinnen: „Hutt dir näischt hei fir z'iessen?" 42 Si hunn him e Stéck gebrodene Fësch ginn. 43 Hien huet et geholl an et bei hinnen zou giess.

44 Du sot hien zu hinnen: „Dëst si meng Wierder, déi ech iech gesot hat, wéi ech nach mat iech zesumme war: Alles, wat am Moses sengem Gesetz, bei de Prophéiten an an de Psalmen iwwer mech geschriwwe steet, huet missen erfëllt ginn." 45 Duerno huet hien hinnen de Verstand fir de Sënn vun de Schrëften opgemaach, 46 an hie sot zu hinnen: „Esou steet et geschriwwen: De Christus leit, an deen drëtten Dag steet hie vun den Doudegen op; 47 an sengem Numm gëtt alle Vëlleker eng Ëmkéier verkënnegt, fir datt d'Sënnen nogelooss ginn. Vu Jeru-

salem aus [48] gitt dir Zeien heifir. [49] Kuckt, ech schécken dat, wat mäi Papp versprach huet, op iech erof. Bleift an der Stad, bis dir d'Kraaft vun uewe kritt hutt!"

[50] Dunn huet hien si erausgefouert op Bethanien zou. Hien huet d'Hänn gehuewen an si geseent. [51] Iwwerdeems hien si geseent huet, ass hien erop-gefouert ginn an den Himmel an huet si zréckge-looss.

[52] Si awer hunn hien ugebiet, a voller Freed sinn si hannescht op Jerusalem gaang, [53] wou si bestänneg am Tempel waren an den Herrgott gelueft hunn.

---

[a] 5 Stadie sinn 1 Kilometer.

2018 goufe scho verëffentlecht:

D'Bibel op Lëtzebuergesch

D'Evangelium nom Johannes
ISBN 978-3-7528-1517-7

D'Evangelium nom Matthäus
ISBN 978-3-7528-1519-1

D'Evangelium nom Markus
ISBN 978-3-7448-8586-7

Books on Demand

12 x 19 cm, 7 €

och als E-Book ze kréien (5,49 €)

Den Erléis geet un d'Fondatioun Sainte-Irmine.

www.cathol.lu   www.bod.de